U0934783

绿色供应链管理 政策与实践

GREEN SUPPLY CHAIN MANAGEMENT
POLICY AND PRACTICES

张洁清　石　峰　范纹嘉　袁　钰　曹子靖／著

中国环境出版集团·北京

图书在版编目（CIP）数据

绿色供应链管理：政策与实践 / 张洁清等著. --北京：中国环境出版集团,
2018.3（2018.12重印）

ISBN 978-7-5111-3467-7

Ⅰ. ①绿… Ⅱ. ①张… Ⅲ. ①供应链管理－研究－中国 Ⅳ. ①F259.22

中国版本图书馆CIP数据核字(2017)第323666号

出 版 人　武德凯
责任编辑　赵惠芬
责任校对　尹　芳
装祯设计　彭　杉

出版发行　中国环境出版集团
（100062 北京市东城区广渠门内大街16号）
网　　址：http://www.cesp.com.cn
电子邮箱：bjgl@cesp.com.cn
联系电话：010-67112765（编辑管理部）
010-67112736（环境技术分社）
发行热线：010-67125803 010-67113405（传真）
印　　刷　北京建宏印刷有限公司
经　　销　各地新华书店
版　　次　2018年3月第1版
印　　次　2018年12月第2次印刷
开　　本　787×960 1/16
印　　张　12
字　　数　166千字
定　　价　68元

【版权所有。未经许可，请勿翻印、转载，违者必究。】
如有缺页、破损、倒装等印装质量问题，请寄回本社更换

序

举世瞩目的中国共产党第十九次全国人民代表大会已落下帷幕，在大会报告中，将“坚持人与自然和谐共生”作为新时代坚持和发展中国特色社会主义基本方略的重要内容，提出建设生态文明是中华民族永续发展的千年大计的新论断，并做出了要推进绿色发展的新部署，绿色供应链正是推动绿色发展的一个重要载体和抓手。它作为一个新型的管理措施，通过激励供应链上企业的环境守法行为，有效推进产业的绿色转型，推行绿色生产方式。

绿色供应链管理与环保部门的职能和目标高度契合，通过用可持续发展的理念，设计供应链中采购、生产、包装、流通、消费和循环利用等各个环节，从全产业链进行绿色改造，降低污染排放和环境影响。绿色供应链管理是对企业实施环境监管的有效补充，是环保部门推动供给侧改革的有力抓手，也是促进产业升级和经济绿色转型的重要途径。通过我们及各方合作伙伴多年来不断深入的研究探索和区域示范，推动绿色供应链的发展已经逐步凝聚各方共识，受到政府、媒体、企业等各方面的高度关注。

环境保护部高度重视绿色供应链体系建设工作，中国 - 东盟环境保护合作中心自 2011 年开展绿色供应链管理政策研究和示范试点工作，经过几年的努力，在政策研究、绩效评估、行业和地方试点示范及国际合作等方面取得了积极进展。在持续推动绿色供应链管理体系化、系统化、规范化的工作过程中，很多企业已经在自发开展绿色供应链管理的实践并取得很好的效果。为了更好地推动绿色供应链管理的试点示范工作，借鉴总结国外先进经验和中国绿色供应链实践成果，东盟中心精心组织编写了本书，希望通过本书的出版，在为政策制定者提供决策支持，为希望开展绿色供应链工作的企业提供参考的同时，也为公众和媒体了解绿色供应链管理提供途径，使绿色供应链能够得到更好的宣传和推广。

中国 - 东盟环境保护合作中心

2017 年岁末

目　录

上　篇

绿色供应链概述

基本概念篇

1 什么是绿色供应链

绿色供应链的概念由传统供应链衍生而来，旨在将环境因素纳入供应链的设计、采购、生产、运输、流通、使用及回收等各个环节，从全社会可持续发展的角度出发，通过减少资源能源投入及污染物排放、提高供应链效率，实现经济效益、社会效益和环境效益的共赢。

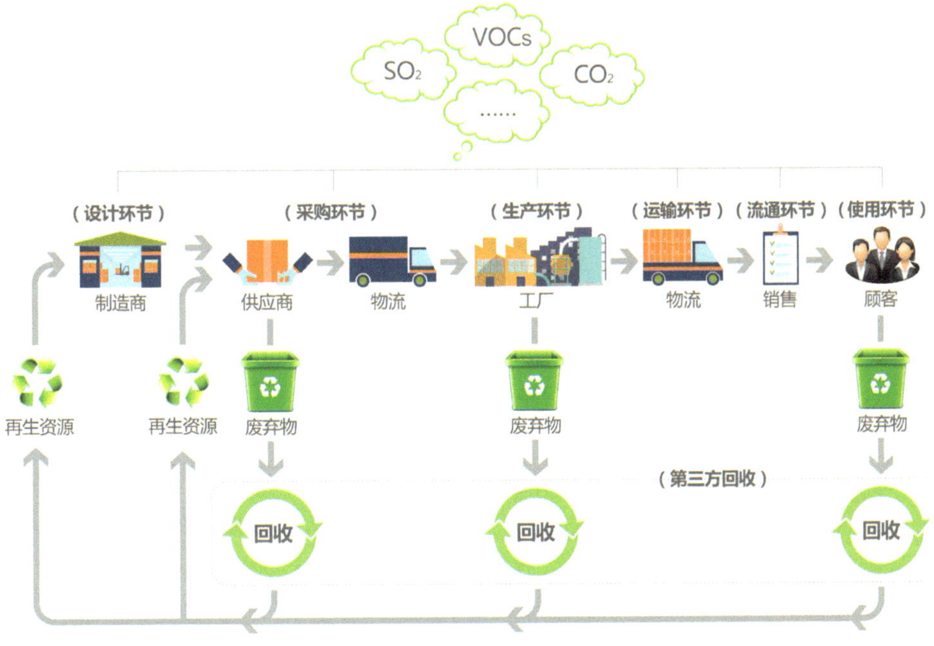

图 1 绿色供应链管理流程

绿色供应链管理与传统供应链管理相比有五方面不同。

1.1 目标

传统供应链管理追求的目标是降低成本支出，提高供应链企业的效率，实现经济效益的最大化；而绿色供应链管理所追求的则是通过提升资源使用效率，减少资源、能源投入，从而减少污染物排放，使企业自身成为具有社会责任的企业，实现经济效益、社会效益和环境效益的均衡。

1.2 供应链管理结构

与传统供应链管理不同，在绿色供应链管理中，环境绩效因素被纳入企业内部和外部供应管理的各个环节。

1.3 商业模式

绿色供应链管理意味着企业将低碳、环境保护意识融入供应链全链条中，形成从原材料采购到产品设计、制造、运输、分销和回收等全生命周期、绿色低碳的管理模式。因此，实施绿色供应链管理，建立完善的绿色、低碳的供应链体系需要更为完善的商业模式支撑。

1.4 商业流程

传统供应链始于供应商而止于用户，其物质流动是单向的、不可逆的，是一种“从摇篮到坟墓”（Cradle to Grave）的管理，而绿色供应链管理中，物质的流动是循环的，物质是可重复利用的，产品生命周期结束后产品的处置问题也被关注。

1.5 消费模式

传统供应链的消费模式大多是商业活动下消费者的自发行为，而绿色供应链中的消费模式，更为注重通过引导消费者进行绿色采购和消费，逐渐培育绿色消费市场。

2 绿色供应链管理包括哪些内容

绿色供应链管理贯穿于设计、采购、生产、运输、流通、使用、回收等各环节，并对各个环节都提出了要注重环境管理及风险控制的要求，将整个供应链作为一个系统进行绿色化管理。

2.1 绿色设计

绿色设计是指在产品及其生命全周期的设计中，充分考虑对资源和环境的影响，在充分考虑产品的性能、质量、开发周期和成本的同时，优化各有关设计因素，使产品及其制造过程对环境的总体负面影响减到最小。

绿色设计既是决定企业供应链绿色化程度的重要环节之一，也是企业绿色制造的首要环节之一。绿色设计主要包括绿色产品的设计和绿色工艺的设计。

绿色产品的设计主要指产品设计的标准化、模块化、可拆卸及可回收设计。标准化设计使零件的结构形式相对固定，减少加工难度和能量的消耗，减少工艺装备和拆卸的种类及复杂性。模块化设计满足绿色产品的快速开发要求，按模块化设计开发的产品结构便于装配，易于拆卸、维护，有利于回收及重用等。可拆卸设计指的是零件结构设计布局合理，通过应用易于拼装且易于分离的联结结构，便于毫无损伤地拆下目标零件并进行回收再利用处理，从而减少环境污染。可回收设计是指产品在其生命周期结束后，可通过回收环节，最大化地将材料回收、零部件重复利用，减少最终处置量。

2.2 绿色采购

绿色采购是指政府和企业经济主体在采购政策的制定、实施过程中，考虑原料获取过程对环境的影响而做出的采购行为。绿色采购是实行绿色供应链管理的核心。绿色采购主要包括原材料的采购和供应商的选择两部分。

2.2.1 原材料的采购

原材料采购是整条绿色供应链的重要环节，必须严格控制源头的污染。从大自然提取的原材料，经过各种手段加工形成零件，同时产生废脚料和各种污染，这些副产品一部分被回收处理，一部分回到大自然中。零件装配后成为产品，进入流通领域，被销售给消费者，消费者使用产品直至其生命周期终止而将其报废。产品报废后经过拆卸，一部分零件被回收直接用于产品的装配，一部分零件经过加工形成新的零件，剩下部分废物经过处理，一部分形成原材料，一部分返回大自然，经过大自然的降解、再生，形成新的资源，再通过开采形成原材料。

从绿色材料的循环生命周期可以看出，整个循环过程需要大量的能量，同时产生许多环境污染，这就要求生产者在原材料的开采、生产、产品制造、使用、回收再用以及废料处理等环节中，充分考虑节约能源和资源，减少环境污染。

通常，我们将绿色材料定义为制备和生产过程中能耗低、噪声小、无毒性并对环境无害的材料和材料制成品。在绿色供应链管理中，绿色材料是绿色设计的关键和前提，也是绿色设计选材的最终目标。

选择原材料时要遵循以下原则：

- 优先选用可再生材料，尽量使用回收材料，提高资源利用率，实现可持续发展；
- 尽量选用低能耗、低污染的材料；
- 尽量选择环境兼容性好的材料及零部件，避免选用有毒、有害、有辐射特性的材料；
- 所用材料应当易于回收再利用、再制造或者容易被降解；
- 尽量减少使用材料的种类，减少小零件的数量，使后续的处理简单化。

2.2.2 供应商的选择

在绿色供应链管理中，环境因素是遴选供应商时首要考虑的因素，包括供应商的环境守法合规和积极开展环境管理两方面。绿色供应链企业不仅应该保证本企业符合环境法规要求，还要具备从源头减少、防止环境污染的意识。

因此，选择供应商的过程就是从重视环境管理的企业中选择有积极开展环境管理意识的企业，与之结成绿色供应链管理战略伙伴，成为零部件供应商。

传统意义上，供应商选择需要考虑的主要因素包括产品质量、价格、交货期、批量柔性、品种多样性和环境友好性等。而绿色供应商应将目光更加聚焦于其产品的环境绩效，因此链主企业对供应商提供的产品可提出明确的环境要求，目的就是降低材料使用量，减少废物产生。供货方应该对生产过程的环境问题、有毒有害废物处置、是否通过 ISO 14000 认证、产品包装中的材料、危险气体排放等进行管理。

将供应商融入环境管理是绿色供应链企业之间战略合作的主要方式，主要可通过以下途径实现。

培训和技术支持

绿色供应链管理企业需设法提高整条供应链的环境管理能力，通过对供应商进行培训和技术支持来提高供应链的绿色化水平。

合作研究开发

在研发过程中，有供应商的参与将大大加快企业的创新活动，从而使产品更清洁、质量更优。另外，企业也可协助供应商改进原材料和包装。

合作创新

将企业与供应商之间原本以产品为中心的供求关系变成以服务为中心的供求关系。例如，以前供应商只关心向企业提供他们生产所需的原材料、辅料和设备等产品，至于企业是否有能力用环保的方式去处置它们，则不是供应商所关心的问题了。而在绿色供应链的管理模式下，由于绿色供应链企业的最终目的是使整条供应链有利于环境保护，因此供应链将尽可能提供产品所需的服务，而非产品本身。

专栏 1 （产品）服务化最好的案例

关于（产品）服务化最好的案例就是福特—杜邦公司的合作关系转变，他们的合作主要集中在福特汽车的修整环节。以往，杜邦公司只是直接向福特公司销售定量加仑的车用喷漆，现在他们根据福特公司汽车的产量来决定福特公司的车用喷漆用量，以及福特所需支付的费用。

在此过程中，杜邦公司已经将产品的销售转为服务的销售。因此，杜邦公司的销售动力已经从向福特公司销售尽可能多的车用喷漆，转向如何让车用喷漆的生产流程更高效。这一改变带来的是减少了汽车修整环节 35% ~ 40% 化学产品的使用，挥发性有机物排放减少了 50%。这种转变也将改善和提高产品性能。

2.3　绿色制造

绿色制造要求企业采取绿色工艺（制造工艺、污染处理工艺、废弃处理工艺）设计及绿色生产技术、计算机和信息处理技术等，对企业的技术、资金、人力等方面都要求较高。

2.3.1　绿色工艺设计

绿色工艺设计要求企业根据产品的实际需求，探索物料和能源消耗少、废弃物少、对环境污染小的工艺方案和工艺路线，追求企业供应链的优化。主要实现途径包括：改变原材料的投入方式，对其就地利用，再利用有实用价值的副产品和回收产品，在工艺过程中循环利用各种材料；改变生产工艺或制造技术，改造原有设备，将原材料消耗量、废物产生量、能源消耗、健康与风险以及对生态环境的损害减少到最低。

2.3.2　清洁生产

清洁生产要求绿色供应链企业的生产过程对环境无污染或减少污染，通过采用技术手段，降低生产过程中的能源、资源消耗，减少环境污染物的排放。实现清洁生产的方法包括：对生产过程提出严格的要求、考核生产过程的能源消耗量、实施精细化管理以及提高绿色产品制造中的人性化水平等。

其中，对生产过程提出的要求主要有：生产环境和产品使用过程中不应存在安全隐患，不对操作者和产品使用者造成健康威胁，不对环境造成污染；减少不可再生资源的使用量，尽量采用各种替代物质和技术；应使生产过程出现的废弃物尽量回收利用，最终废弃物应易于处理；应尽量简化工艺系统，优化配置，提高系统运行效率。

在考核生产过程的能源消耗量方面，通过考核生产设备在实际运行过程中的能源、资源消耗及环境污染情况，核定其生产力、产品质量是否达到要求。可通过建立生产过程中的废物循环利用系统，提升供应链中生产环节的循环回收和利用效率。还可以不断改进生产设备，提高设备利用效率和原材料利用率。

此外，我们还可以对生产环节实现精细化管理，包括生产方式的先进性、库存的合理性、生产过程中的废品率、企业对其周围环境的污染状况等。

最后，可通过提高绿色产品制造过程中的人性化水平，包括改善生产环境、调整工作时间及减轻劳动强度等措施，提高员工的劳动积极性和创造性，达到提高生产效率的目的。

2.3.3　绿色物流

绿色物流是指以降低对环境的污染、减少资源消耗为目标，利用先进的物流技术，规划和实施的运输、储存、包装、装卸、流通、加工等物流活动，要求在满足运输要求的条件下，尽量考虑运输中的能源消耗、产品包装物对环境的影响以及在仓储和运输过程中可能引发的泄漏等给环境带来的负面影响。绿色物流的主要关注环节在于绿色运配与绿色仓储。

绿色运配是指为减少运输和配送对环境的影响，采取相应措施。实施绿色运输的主要措施有合理配置配送中心和制订运输配送计划、使用绿色运输工具、推行第三方物流等方式。

绿色仓储也是绿色物流的核心，绿色仓储要求根据产品及物资的性能、特点分类别采取不同的方法储存保管，各类储存设施的设计和建造必须达到不污染环境的要求，同时加强维护和保养，做好防潮、防腐、防水、防漏、防扬尘等工作。在物资保管的过程中，必须建立完备的信息档案，及时准确地掌握“产、需、供、耗、存”等情况，对容易造成环境污染的产品要严格管理，以促进合理利用物资、降低物资耗费、减少物资浪费和流失。

2.3.4 绿色营销 / 消费

绿色营销包含开展绿色销售和倡导绿色消费两个内容。在绿色营销环节，企业要将自身利益、消费者利益和环境利益结合，以环境保护为经营指导思想，以消费者的绿色消费为中心和出发点进行绿色销售和绿色理念传播。

绿色营销主要包括绿色产品市场推广、绿色营销渠道、绿色产品价格以及引领绿色消费。

企业实施绿色营销必须以为社会和消费者提供满足绿色需求的绿色产品为载体。绿色产品的核心功能既要能满足消费者的传统需要，符合相应的技术和质量标准，更要满足对社会、自然环境和人类身心健康有利的绿色需求，符合有关环保和安全卫生的标准；产品的实体部分应减少资源的消耗，尽可能利用再生资源；产品的包装应减少对资源的消耗；产品生产和销售的着眼点在于引导消费者正确地进行环保消费。

绿色营销渠道是绿色产品从生产者转移到消费者所经过的通道，企业也主要关注此环节中的环境保护问题，通过启发和引导中间商的绿色意识，不断发现和选择合适的绿色营销伙伴，逐步建立稳定的营销网络。此外，还可通过鼓励中间商选择绿色交通工具、建立绿色仓库、采取绿色装卸、运输、贮存等措施，实现营销环节的绿色化。

此外，价格是市场的敏感因素，定价是市场营销的重要策略。绿色产品在市场的投入期，其成本中计入产品环保的成本，从而使得其生产成本高于同类传统产品。但是，随着科学技术的发展和各种环保措施的完善，绿色产品的制造成本会逐步下降，趋向稳定。企业应该根据实际成本及其未来发展合理定价，使产品在市场竞争中取得优势。

推广并引领绿色消费也是企业应尽的责任。企业可在促销绿色产品过程中向消费者传递环境保护的理念，通过投放广告等方式传递绿色信息，指导绿色消费，启发引导消费者的绿色需求，最终促成购买行为。企业还可通过开展大型活动，引领社会公众参与到环保活动中，广泛与社会公众进行接触，增强公众的绿色意识，这不但可以树立企业的绿色形象，还可为绿色营销建立广泛的社会基础。

2.3.5 绿色回收

绿色回收是指为恢复价值或合理处置，对原材料、中间库存、最终产品及相关信息，从消费地到起始点的实际流动所进行的有效计划、管理和控制过程。

绿色回收是为了资源回收或处理废弃物而采取的环境管理措施，是绿色供应链管理闭环系统的最后部分。通过回收不仅能达到环境保护的目的，还可极大地降低成本。

绿色回收的重点在于对产品的回收及对回收产品的处理，主要包括建立合理的回收渠道并对回收品进行分类处理。

企业可在内部建立渠道回收各生产加工环节出现的废次品、边角料以及仓储运输环节出现的损货。同时，通过建立外部渠道回收来自企业外部的退货、包装品、废旧品等。耐用消费品如家用电器、电脑等可通过绿色销售来建立外部回收渠道。另外，也可以通过企业间的合作建立共同的回收渠道，以降低成本。

企业在回收后，可对回收品进行分类，能充分利用的尽量利用，可以循环使用的尽量不浪费，涉及技术复杂的回收利用技术，可考虑将业务外包给专业物流企业或与供应链上其他企业合作，同一行业或相关行业可以联合起来实施回收再利用。

3 政府为什么要推动绿色供应链管理

生态环境质量是“十三五”期间全面建成小康社会的突出短板。面对日益严峻的环境形势，在实施最严格的环境管理制度、加强污染源监管和开展环境治理的同时，亟须采取创新型的环境管理手段，充分利用市场机制，引导企业减少污染排放，提升环境绩效。

绿色供应链管理是一种基于市场机制的环境管理措施，它以降低产品全生命周期环境影响为目的，通过环境经济政策和市场调控手段，利用政府、企业绿色采购和公众绿色消费引导，带动产业链上下游采取节能环保措施，从全产业链进行绿色改造，降低污染排放和环境影响。

中国为数众多的中小企业是环境污染的重要来源。面对空前紧迫的大气、水体、土壤污染形势，除了行政管理手段，如何利用创新型手段有效提高企业的环境自觉性一直是中国环境管理中的重要难题，而对于中小企业的管理又是其中最突出的问题。市场是企业生存发展的命脉，中小制造企业的市场供给对象往往是下游大型制造企业和大型网络或实体零售商，这些大企业和零售商是整个供销市场上的关键少数，他们的采购行为和采购导向直接决定了整个供应链的质量，通过市场机制对供给侧产生巨大影响。

面对所有企业的环境监管对环保工作产生的巨大压力，绿色供应链管理充分依托大宗商品由买方主导的自由市场机制，通过引导各行业数个龙头企业采购污染排放少、环保绩效高的上游企业生产产品，从而使得成千上万家直接或间接参与供应链环节的企业主动遵守环境法规和标准，采取绿色环保措施，实现从少数企业到整体产业的绿色升级和可持续发展。绿色供应链管理紧扣关键少数，将市场机制作为环保行政监管的有益补充，可以起到事半功倍的效果。

4 企业为什么要实施绿色供应链管理

第一，企业开展绿色供应链管理的目的往往是提高企业形象和信誉度，获得商业价值。一个信誉度良好的企业，为社会带来了效益，它的业务量也是无形的，而且还是可观的经济效益。采用绿色供应链将会提高企业信誉度和形象。

企业在会计核算时可以将企业的绿色形象归为无形资产，这些资产会提升企业的品牌价值。企业品牌价值的提高、美誉度和社会资本对企业的整体价值是非常重要的。事实上，很多投资基金更倾向于对绿色企业进行投资。此外，企业可通过提高自身信誉度和形象吸引更多人才加入。

第二，通过开展绿色供应链管理可降低成本。污染从本质上讲就意味着低效、废物和成本增加。不难想象，供应链环节产生的废物越多，成本就会越高。减少废弃物产生不但直接降低废物处理成本，还可通过节省原材料间接降低产品总成本。此外，通过回收环节返回产品或材料可能被潜在的“绿色产品”重新生产和销售，也可为企业带来额外收益。

专栏 2 通过实施绿色供应链管理获取额外收益案例

施乐公司通过采取各种环保措施，每年节约大约 2 亿美元的成本，在设计方面，该公司大多数复印机、打印机和多功能设备都采用了部件拼合的设计，以简化组装和拆卸工序，便于部件的清洁，测试和重新使用，并通过主动回收自有品牌的废旧产品及耗材，进行“再制造”。

再制造是在具有再制造能力和资质的专业工厂进行的。这些年，施乐早已构筑了一套从回收到再利用的可追溯体系——信息化和可视化的追溯管理，能够保证再制造品达到和采用全新原材料的新品品质完全一样的标准，再投入市场使用。截至 2016 年，通过再资源化处理的产品，累积达 1 000 吨，相当于减少了 29 162 千克新材料的使用。

第三，规避供应链风险。从企业管理角度来讲，企业都将永续经营定为自己的目标。那么企业需要有足够的资源维持其继续经营，可持续地为客户提供产品和服务。如果企业所需的稀缺资源被用尽，生产材料不再容易获得，或成本会显著提高，使得消费者开始寻求替代品的时候，就意味着企业失去市场优势，陷入困局。为了防止这种局面的发生，企业需要考虑这些资源供应的可持续性，维持其供应链的活力。

专栏 3 可持续海产品认证

海洋管理委员会（MSC）是一家独立的非盈利组织，主要针对海洋渔业以及加工水产品的供应链管理的可持续性进行认证。其目标是减缓并逆向推进全球鱼类种群的退化现象、改善海洋环境、保证渔民的生活，从而使渔业可持续发展。

另一方面，供应链上企业不重视环境保护，造成不良环保记录，从而受到行政处罚的例子屡见不鲜。这不仅造成了企业的成本升高，还会造成供应链的断裂。我们通过开展供应商审核制度使企业避免因供应商不良的环保绩效而引发的风险。

专栏 4 舍费勒事件

2017 年 9 月，一封来自德国汽车零件制造企业“舍弗勒”的紧急求助函引起了社会各界广泛关注。事情的起因是“舍弗勒”上游滚针原材料供应商上海界龙金属拉丝有限公司（界龙拉丝公司）因环保不达标导致执法部门对其“突然”实施了“断电停产、拆除相关生产设备”的处罚措施。这次“上游供应商‘被停产’”事件将导致 300 多万辆汽车的减产，造成产值损失约 3 000 亿元人民币。

根据浦东新区环境保护和市容卫生管理局提供的记录显示，早在 2016 年 12 月执法人员就开始与界龙拉丝公司交涉并告知其环境违规问题，但界龙拉丝公司并未采取积极有效的措施来改善问题，并心存侥幸地申请临时排放许可证来延续生产周期。其次，界龙拉丝公司在环境问题方面也是劣迹斑斑，多次遭到处罚。该公司沿用的是存在数十年的老式厂房未通过环评检测，工厂采用的酸洗磷化热处理技术也早早被列入高能耗待淘汰产能目录，该厂房的使用用地也属于低效建筑用地。经查，界龙拉丝公司曾两次违反大气污染管理制度，并因污水水质超标遭到罚款处罚。

第四，打破绿色贸易壁垒。从世界范围来看，绿色贸易壁垒产生于 20 世纪 80 年代后期，也称环境贸易壁垒，是作用于进出口国际贸易活动的一种技术性的贸易壁垒。具体表现为在国际贸易活动中，进口国以保护本国生存环境和健康为由，自行制定一系列的准入限制和禁止措施、法律法规等。绿色贸易壁垒包含的内容较为广泛，内容不仅涉及生态环境和资源本身，还包括与其相关的各种商品的生产、销售、包装、流通等过程的限制措施。

随着国际贸易活动发展的日趋频繁，绿色贸易壁垒作为一项贸易措施，它的使用频率正在以不可想象的速度上涨，据不完全统计，全球目前共有167个进口国家采取了绿色贸易壁垒措施，产品涉及化妆品、家具、日用品、纺织等数千种。

与此同时，绿色贸易壁垒措施的涵盖领域也在不断扩展和变化，涉及环境保护、动植物安全、人类健康等多种领域，针对的对象不仅是对产品本身的环保要求，还包括对产品的开发、生产、包装、销售、流通和回收等生产周期的环境要求。企业通过实施绿色供应链管理，可以凭借其更加优质环保的产品和服务，增强其参与全球市场的竞争力。

5 如何评价绿色供应链

绿色供应链管理实施的效果可用绩效来衡量，而绩效的实施效果涉及整个过程中的各个节点部门和环节。绿色供应链管理的绩效评价目标可分为宏观目标（综合目标）和微观目标（分解目标）。绿色供应链管理综合绩效可认为是绩效评价的宏观目标，综合了包括环境、经济和社会等综合因素的整体目标。而对于绿色供应链管理中的某一个环节，如绿色供应商的选择评价、绿色生产环节的环境影响评价以及回收环节的评价可定义为微观目标。进行绩效评价前，首先需要明确绿色供应链管理评价目标，了解评价目标相关的影响因素，构建科学有效的指标体系，再利用数学工具对绿色供应链管理绩效进行评价。

2015 年 12 月，东莞市成为环保部批准的全国第一个绿色供应链试点示范城市，并列入广东省与环保部的省部共建合作示范项目。为评估绿色供应链管理的效果，开发了绿色供应链指标体系，通过评价企业在环境绩效、能源绩效以及低碳发展 3 个方面的水平，综合评估东莞市工业企业绿色化程度及可持续发展能力。由于此指数首先应用于东莞企业，故命名为“东莞指数”。

绿色供应链东莞指数在评价企业自身行为的同时，还将上游供应商的绿色化程度纳入评价体系中，并且沿供应链向上游逐级扩展。一个企业的绿色供应链东莞指数反映了整个供应链的可持续发展水平。

东莞指数在管理指标的基础上，从绿色设计、绿色采购、绿色生产、绿色物流、绿色消费与回收6个维度对企业绿色供应链管理的评价指标做出了规定，包括环境绩效、能源绩效和低碳发展三大方面。其中，每一类指标分别包括基础类指标、特征类指标和提高类指标三类分指标。基础类指标是企业在环境管理、能源管理和碳排放管理方面守法合规情况。特征类指标是某些行业特有的、有利于企业实现节能减排等目标的情况。提高类指标是企业通过自愿参加国家和地方节能环保项目，或企业主动实施节能改造、污染物减排和碳交易等活动来改善环境行为和能效的情况。

图2　2016年6月绿色供应链东莞指数框架正式发布

选取上述三类评价指标，考虑各项指标重要性，进行综合评价，结合上游一级供应商评价结果，得出企业绿色供应链指数。

评价模型，计算公式如下：

$$A=\sum_i B_i \quad (i=1, 2, 3, \cdots, n)$$

式中：A——绿色供应链管理综合分值；

B_i——各一级指标（准则层）的综合分值。

其工作流程如下：

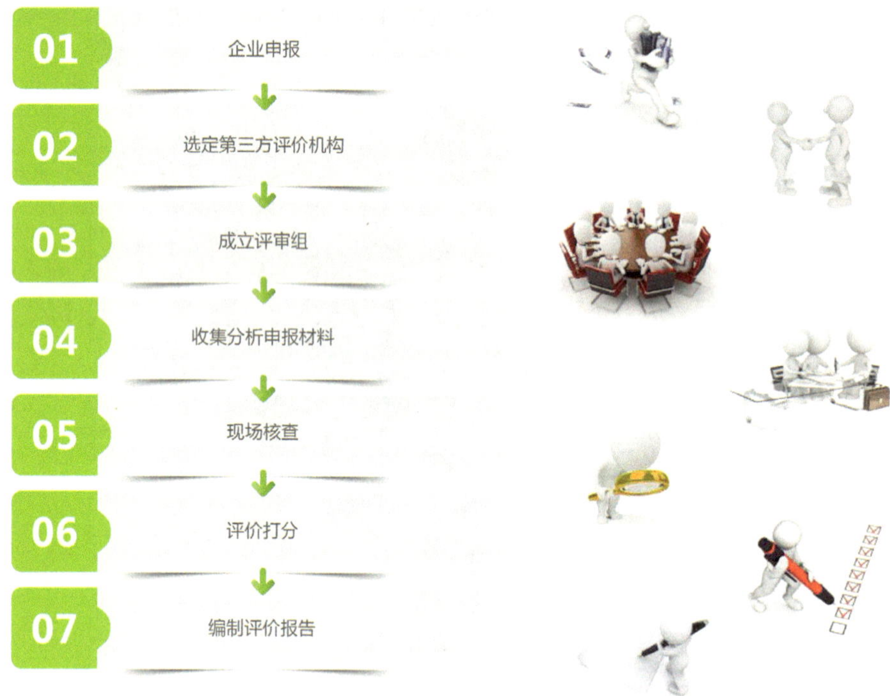

图 3　东莞指数评价流程

表 1 东莞指数指标体系

管理指标		
一级指标	二级指标	三级指标
管理指标	基础类指标	建立绿色供应链管理制度，对与绿色供应链有关运行和活动进行监测和控制，以确保其在规定的条件下进行
		环境管理（排污申报与排污许可、行政处罚、内部环境管理、污染治理设施运行）
	特征类指标	环境风险评估及应急预案
		环境信息公开
绿色设计		
一级指标	二级指标	三级指标
绿色设计	基础类指标	产品设计原则包含了节能、低碳和环保的要求，并且符合国家、行业和地方相关法律法规
	特征类指标	依据行业特点，制定实施企业绿色设计指标
绿色采购		
一级指标	二级指标	三级指标
绿色采购	基础类指标	建立绿色供应商管理制度
		绿色供应商管理制度实施情况
	提高类指标	供应商节能改造和节能技术应用情况
		供应商开展清洁生产审核情况
		供应商开展能源审计情况
		供应商开展碳核查情况
		通过质量管理体系、环境管理体系、能源管理体系及职业健康管理体系等体系认证的供应商比例
	特征类指标	依据行业特点，制定实施企业绿色采购指标

<table>
<tr><th colspan="3">绿色生产</th></tr>
<tr><th>一级指标</th><th>二级指标</th><th>三级指标</th></tr>
<tr><td rowspan="10">绿色生产</td><td rowspan="8">基础类指标</td><td>生产过程的环境行为符合国家和地方相关法律法规要求</td></tr>
<tr><td>淘汰落后产能和落后工艺设备情况</td></tr>
<tr><td>实际单位产值排污量水平</td></tr>
<tr><td>实际单位产值水耗水平</td></tr>
<tr><td>实际单位产值能耗水平</td></tr>
<tr><td>实际单位产值碳排放水平</td></tr>
<tr><td>开展清洁生产工作情况</td></tr>
<tr><td>开展能源审计工作情况</td></tr>
<tr><td>提高类指标</td><td>通过环境、能源、低碳类管理体系及产品认证情况</td></tr>
<tr><td>特征类指标</td><td>依据行业特点，制定实施企业绿色生产指标</td></tr>
<tr><th colspan="3">绿色物流</th></tr>
<tr><th>一级指标</th><th>二级指标</th><th>三级指标</th></tr>
<tr><td rowspan="4">绿色物流</td><td rowspan="2">基础类指标</td><td>企业制定绿色物流管理制度</td></tr>
<tr><td>企业实施绿色物流管理制度情况</td></tr>
<tr><td>提高类指标</td><td>物流过程中清洁能源使用情况</td></tr>
<tr><td>特征类指标</td><td>依据行业特点，制定实施企业绿色物流指标</td></tr>
<tr><th colspan="3">绿色消费与回收</th></tr>
<tr><th>一级指标</th><th>二级指标</th><th>三级指标</th></tr>
<tr><td rowspan="6">绿色消费与回收</td><td rowspan="2">基础类指标</td><td>原辅材料回收处理情况</td></tr>
<tr><td>落实生产者责任延伸制度，产品制造商应承担产品主要回收处理责任</td></tr>
<tr><td>提高类指标</td><td>在产品上标识绿色环保消费回收标示</td></tr>
<tr><td rowspan="3">特征类指标</td><td>产品制造商应通过适当的方式发布产品拆解技术指导信息，信息应便于相关组织获取</td></tr>
<tr><td>企业设计逆向物流业务流程，建立逆向物流体系，保证产品回收利用渠道的畅通</td></tr>
<tr><td>依据行业特点，制定实施企业绿色消费与回收指标</td></tr>
</table>

政策解读篇

绿色供应链的政策主要包含两个层面，由中央政府出台的国家政策再到各省市政府出台的地方政策，绿色供应链管理逐渐深入到政策法规当中，为实践工作提供保障。此外，作为以市场机制为基础的综合性管理模式，行业企业自发的管理政策与倡导行动也划归在绿色供应链的政策中，作为一种理念植入整个产业链条中，指引绿色模式的转型。

政府推行绿色供应链管理的政策

《中华人民共和国国民经济和社会发展第十三个五年规划》（以下简称“十三五”规划）是2016—2020年中国经济社会发展战略部署，也是政府执行经济调节和各方面发展的理论依据。其中，绿色供应链这一理念首次出现在国家层面的政策中，在第四十八章第一节被提出，要求“加快构建绿色供应链产业体系”。从文中可以看出，绿色供应链除了与环保工作中的能源利用和污染治理相结合外，也与金融行业“合体”，这点将打开经济发展与绿色发展相制约的死结，使得经济、绿色两不误，相辅相成，更有效地过渡到可持续的发展模式中。国家层面的环保技术与金融政策也将激励更多企业施行绿色供应链。

专栏5 “十三五”规划中绿色供应链相关政策原文节选

……

完善企业资质管理制度，鼓励发展节能环保技术咨询、系统设计、设备制造、工程施工、运营管理等专业化服务。推行合同能源管理、合同节水管理和环境污染第三方治理。鼓励社会资本进入环境基础设施领域，开展小城镇、园区环境综合治理托管服务试点。发展一批具有国际竞争力的大型节能环保企业，推动先进适用节能环保技术产品“走出去”。

统筹推行绿色标识、认证和政府绿色采购制度。建立绿色金融体系，发展绿色信贷、绿色债券，设立绿色发展基金。完善煤矸石、余热余压、垃圾和沼气等发电上网政策。加快构建绿色供应链产业体系。

……

2017 年 10 月 13 日，国务院办公厅印发了《关于积极推进供应链创新与应用的指导意见》（以下简称《指导意见》），对于绿色供应链的应用与创新以及相关工作做出了部署，并明确要大力推动我国绿色供应链的发展水平，这是从国家层面首次单独将绿色供应链作为重点做出工作部署。其中，《指导意见》提出要从大力倡导绿色制造、积极推行绿色流通、建立逆向物流体系 3 个方面积极倡导绿色供应链。在行业内部推行生命周期管理，建立绿色标准标识体系，鼓励绿色采购行为，尤其是在生产环节推广绿色消费理念，并鼓励企业自主研发节能环保技术。同时，建立供应链回收平台，落实生产者责任延伸制度，为绿色供应链的末端环节也提供保障。可以看出，绿色供应链与企业的各个环节都息息相关，在帮助行业企业提高自身竞争力的同时也能给社会大众传播绿色生活的新型理念。

专栏 6　《关于积极推进供应链创新与应用的指导意见》中的绿色供应链相关政策原文节选

……

（五）积极倡导绿色供应链。

1. 大力倡导绿色制造。推行产品全生命周期绿色管理，在汽车、电器电子、通信、大型成套装备及机械等行业开展绿色供应链管理示范。强化供应链的绿色监管，探索建立统一的绿色产品标准、认证、标识体系，鼓励采购绿色产品和服务，积极扶植绿色产业，推动形成绿色制造供应链体系。（国家发展改革委、工业和信息化部、环境保护部、商务部、质检总局等按职责分工负责）

2. 积极推行绿色流通。积极倡导绿色消费理念，培育绿色消费市场。鼓励流通环节推广节能技术，加快节能设施设备的升级改造，培育一批集节能改造和节能产品销售于一体的绿色流通企业。加强绿色物流新技术和设备的研究与应用，贯彻执行运输、装卸、仓储等环节的绿色标准，开发应用绿色包装材料，建立绿色物流体系。（商务部、国家发展改革委、环境保护部等负责）

3. 建立逆向物流体系。鼓励建立基于供应链的废旧资源回收利用平台，建设线上废弃物和再生资源交易市场。落实生产者责任延伸制度，重点针对电器电子、汽车产品、轮胎、蓄电池和包装物等产品，优化供应链逆向物流网点布局，促进产品回收和再制造发展。（国家发展改革委、工业和信息化部、商务部等按职责分工负责）

……

此外，在中央政府的多项工作布置中也多次提出要打造绿色供应链。2015 年 5 月 8 日，国务院办公厅颁布《中国制造 2025》，提出中国制造要在创造、质量、品牌等多方面实现转变，并多次提出要在重点领域建立供应链管理系统，鼓励企业开发绿色产品，并配套加强绿色监察工作。

专栏 7 《中国制造 2025》中的绿色供应链

……

积极构建绿色制造体系。支持企业开发绿色产品，推行生态设计，显著提升产品节能环保低碳水平，引导绿色生产和绿色消费。建设绿色工厂，实现厂房集约化、原料无害化、生产洁净化、废物资源化、能源低碳化。发展绿色园区，推进工业园区产业耦合，实现近零排放。打造绿色供应链，加快建立以资源节约、环境友好为导向的采购、生产、营销、回收及物流体系，落实生产者责任延伸制度。壮大绿色企业，支持企业实施绿色战略、绿色标准、绿色管理和绿色生产。强化绿色监管，健全节能环保法规、标准体系，加强节能环保监察，推行企业社会责任报告制度，开展绿色评价。

……

2016 年 11 月 4 日，国务院办公厅颁布《“十三五”控制温室气体排放工作方案》，从低碳发展的角度要求加快绿色转型，并将绿色供应链作为中国温室气体减排工作的一部分，帮助企业进行结构转型，实施产业升级，提高国际市场竞争力。

专栏 8 《“十三五”控制温室气体排放工作方案》中绿色供应链原文节选

……

将低碳发展作为新常态下经济提质增效的重要动力，推动产业结构转型升级。依法依规有序淘汰落后产能和过剩产能。运用高新技术和先进适用技术改造传统产业，延伸产业链、提高附加值，提升企业低碳竞争力。转变出口模式，严格控制“两高一资”产品出口，着力优化出口结构。加快发展绿色低碳产业，打造绿色低碳供应链。

……

除了国家整体层面对于绿色供应链做出战略部署外，各相关部委也根据各自职能承担工作，并联合颁布一系列政策。2015 年 6 月 25 日，财政部、发改委、工信部、环保部联合出台《环保“领跑者”制度实施方案》，提出要“推行绿色供应链环境管理，注重产品环境友好设计，采用高效的清洁生产技术，达到国际先进清洁生产水平”，从技术角度出发，在同类可比范围内打造环境保护和治理环境污染取得最高成绩及环境绩效最高的产品。

2016 年 3 月 1 日，国家发改委、环保部等十部委联合印发《关于促进绿色消费的指导意见》，在指导意见中“鼓励企业推行绿色供应链建设，开展清洁生产审核，降低产品全生命周期的环境影响”，从消费角度出发，加快生态文明建设，推动经济社会绿色发展。2016 年 9 月 14 日，工信部、发改委、财政部、科技部联合出台《绿色制造标准体系建设指南》，要求将物联网、大数据、云计算等新兴技术应用到绿色供应链管理体系中，并在绿色供应链规范、管理试点等方面建立相应体系。2017 年 4 月 24 日，环保部、外交部、发改委、商务部联合出台《关于推进绿色“一带一路”的指导意见》，在“一带一路”建设中突出生态文明理念，推动绿色发展，加强生态环境保护，共同建设绿色丝绸之路。

此外，各部委也分别从各自工作领域出发，单独出台了有关绿色供应链的有关政策。2016 年 4 月 15 日，环保部出台了《关于积极发挥环境保护作用促进供给侧结构性改革的指导意见》，以绿色生产、绿色采购、绿色消费 3 个环节为重点领域，要求建立绿色供应链产业体系。并且鼓励各地学习天津、东莞、上海等地的试点工作经验，发展各自的绿色供应链试点工作。

专栏9 《关于积极发挥环境保护作用促进供给侧结构性改革的指导意见》中绿色供应链相关政策原文节选

……

推进以绿色生产、绿色采购和绿色消费为重点的绿色供应链环境管理。研究制定政策支持措施和标准规范，促进生态产品和绿色产品生产，加快构建绿色供应链产业体系。要以政府、企业绿色采购和公众绿色消费为引导，利用市场杠杆效应，带动产业链上下游采取节能环保措施，从全产业链进行绿色化改造，降低污染排放和环境影响，促进企业绿色转型升级。

鼓励各地学习借鉴上海、天津、深圳、东莞等地工作经验，选择排污量大、产业链长、绿色转型潜力大的行业、工业园区，充分发挥链主企业和龙头企业牵头作用，组织推行绿色供应链环境管理试点。鼓励互联网电商推行有各自特色的绿色供应链环境管理，引导有机食品生产和供应，推进绿色消费。

……

2016年6月30日，工信部出台《工业绿色发展规划（2016—2020年）》，总体要求“加快构建绿色制造体系，大力发展绿色制造产业，推动绿色产品、绿色工厂、绿色园区和绿色供应链全面发展”，从工业制造绿色发展角度出发，推动资源利用效率，缓解环境污染问题。

地方开展绿色供应链管理的政策与实践

2.1 天津

天津为落实绿色供应链的实践工作，先后出台了《绿色供应链管理体系要求》（以下简称《体系要求》）、《绿色供应链管理体系实施指南》（以下简称《实施指南》）、《绿色供应链标准化工作指南》（以下简称《工作指南》）与《绿色产品技术要求编制导则》（以下简称《编制导则》）4 个地方标准。

图 4 绿色供应链天津示范中心启动仪式

《体系要求》从绿色供应链管理体系的术语和定义直到运作和改进流程进行了规定，对于实施绿色供应链具有指导性和可操作性的帮助；《实施指南》则是贯彻落实绿色供应链管理体系的实施指南，对其要求和要点进行诠释并对实施路径和方法提出指导性建议；《工作指南》主要针对绿色供应链标准的编写、实施、监督工作做出了描述；《编制导则》是对绿色供应链产品技术方面规定了相应的标准和程序。其中前两个标准是天津市绿色供应链标准化研究工作的首要标准成果，也是全国首个绿色供应链管理体系标准。后两个标准为组织开展绿色供应链标准化工作、建立绿色供应链标准体系提供了切实可行的参考和依据。

此外，天津市绿色供应链的相关单位也联合出台了有关绿色供应链的政策，如天津市发改委等 8 个有关单位联合出台了《天津市绿色供应链管理暂行办法》，从标准建设管理、经济采购管理、市场服务管理等方面要求促进绿色化发展和经济转型升级，形成可复制、可推广的发展模式。

另外，天津还建立了绿色供应链示范中心，从绿色供应链绩效提升和互联互通角度推动天津的绿色供应链管理。

2.2 东莞

2015 年，东莞市上报环保部《关于东莞市申报国家绿色供应链试点工作示范城市的函》，同年 12 月，环保部批复同意支持东莞市开展绿色供应链环境管理试点工作。作为中国制造业中心，东莞市结合自身特点重点在制造行业开展了绿色供应链的实践工作。2016 年出台了《东莞市绿色供应链环境管理试点工作方案》，部署了推行政府绿色采购、实施绿色采购商计划、构建绿色供应链管理服务平台、探索建立绿色供应链管理技术体系、制定相关技术规范、实施重点行业绿色供应链环境管理工作试点示范五大工作任务，为创新环境管理模式，引导企业绿色转型，促进东莞市的低碳发展和环境改善进程做出了部署。

同时，为帮助中小型企业提升绿色供应链管理模式，配套实施“东莞指数”评价，东莞市政府制定了《东莞市家具制造及制鞋行业挥发性有机物整治财政补助方案》，对实施绿色供应链管理制度并建立绿色供应链管理体系，同时参与绿色供应链“东莞指数”评价获得四星等级以上评价的企业给予财政补助，鼓励和提高企业参与的积极性，降低企业绿色转型成本，通过奖优政策，促进企业绿色发展。

图 5　东莞市绿色供应链管理大事记

2.3 上海

上海作为中国的经济中心，结合自身优势在绿色供应链的企业实践等方面做出了贡献。在2016年最新修订的《上海市环境保护条例》中首次将绿色供应链写入环保法规中，提出要“积极促进循环经济发展，鼓励企业建立绿色供应链，对产品设计、物料采购、制造、销售、物流、回收和再利用等各个环节实施绿色改造”，为绿色供应链的推广工作提供了有力的支撑。

随后，上海市以企业为主导，通过企业自愿参与，政府提供支持的方式，鼓励汽车、零售业企业开展绿色供应链试点。并启动了“2016上海100+企业绿色链动计划”，鼓励企业通过申报绿色供应链计划分享绿色供应链实践经验，传播企业社会环境责任。各类知名企业带动了超过上万家的供应商一同参与到活动中。为继续扩大绿色供应链理念的影响力，继链动计划后2017年上海又启动了“2017年绿享计划”，进一步分享有关绿色供应链的优秀案例和成功经验，一同提升绿色供应链环境体系。同时，上海市政府与黄浦区合作，开展全市第一个区域绿色供应链试点项目，在花园饭店、新天地和正章洗衣店启动了3个绿色供应链试点，提升绿色管理，酒店的能耗大幅下降，其“能耗与营业收入比”下降到8%以下，客房一次性消耗品在原先基础上下降15%～20%，提升了管理、降低了VOCs排放。

图 6　绿色供应链 2016 上海高峰论坛上发起“2016 上海 100+ 企业绿色链动计划”

图 7　绿色供应链 2017 上海高峰论坛上发起“绿色供应链上海 2017 绿享计划”

下　篇
绿色供应链管理案例

电子行业绿色供应链管理

近年来，全球电子行业迅猛发展，2014 年全球电子产业总产值已达到 17 150 亿美元。随着全球电子产业的迅速发展，资源消耗与环境污染问题日益突出。在电子产品制造生产过程中，含重金属的废水排放、颗粒物污染的废气排放，以及电子废弃物污染成为电子制造业亟待解决的主要污染问题。

电子行业作为中国制造业的支柱之一，具有从原材料到零部件制造，从组装、销售到终端用户的完整电子行业产业链。并且，中国还有众多能影响全球市场的龙头企业，具有实施绿色供应链管理的内在优势。将绿色供应链管理的理念应用于电子行业环境管理，有助于推动整个产业链减少能源、资源消耗，达到降低环境污染、实现节能减排、提升企业环境绩效的目的。

案例一　可持续绿色供应链——华为技术有限公司绿色供应链管理[1]

华为技术有限公司（以下简称“华为”）是全球领先的信息与通信技术解决方案供应商，一直把绿色环保理念融入产品规划、设计、研发、制造、交付和服务等各个环节，通过持续的技术创新，不断提升产品和解决方案的资源使用效率，向客户提供领先的节能环保产品和解决方案。

华为作为深圳市绿色供应链试点的核心企业，通过制定适合行业属性和价值链特性的绿色供应链战略，积极引入供应链上企业的参与，通过采购份额奖优罚劣，强化上游供应商的环保行动，从而推动整条供应链的绿色化。此外，在深圳电子行业绿色供应链网络的搭建过程中，华为充分发挥了行业领军优势，引导行业企业间的沟通交流。

华为秉承“绿色华为、绿色通信、绿色世界”的理念，积极主动地参与到深圳市政府发起的“企业绿色采购”行动中。2006 年，华为作为首批企业参与制定了企业绿色采购标准。2008 年，华为第一时间响应，签订了《企业绿色采购合作协议》。华为采用政府环保部门的企业环保表现数据管理供应商，对违规排污的企业实施限期整改，减少订单份额，直到整改达标。

---

1 资料来源：华为官方网站 http://www.huawei.com/ilink/cn/solutions/go-greener/HW_083369#.WkrxBCwYxJU；深圳市绿色供应链试点项目研究报告；2015 华为可持续发展报告、2016 华为可持续发展报告。

2011 年，华为将这一做法延伸到全国范围，采用公共环境研究中心（IPE）全国企业环保表现数据库定期检索供应商环境表现，推动供应商自我管理。华为还将环保要求融入供应链，提出了“全面可持续发展”理念，开始从“风险管理”向“效率管理”的转型，引领产业链可持续发展趋势。2012 年，获得新加坡 Communic Asia（新加坡国际通信与信息技术展）绿色技术奖。2013 年，华为“将社会责任融入采购流程，推动供应链可持续发展”案例荣获联合国全球契约中国最佳实践奖。2014 年，华为开始与深圳市政府合作开展“深圳市绿色供应链试点项目”，通过采购的力量拉动供应商节能减排，并举办了主题为“共同建设可持续发展的世界”华为可持续发展大会。2015 年，华为通过深化能源管理、推进技术节能，实现单位销售收入能耗消耗同比下降 13.8%。2015 年，华为为中国区实现节电 4 430 万千瓦时，相当于减少温室效应气体排放量约 4 万吨。华为用其实际行动证明，华为作为中国民营企业的一面旗帜，不仅在商业发展、技术创新方面是领先者，在绿色供应链可持续发展方面也是行业的领先者。

1 绿色设计——基于 LCA（位置区码）的生态设计

华为是 ICT（信息和通信）行业中将生态环境影响评价标准化的领先者之一，尤其是在 ICT 设备的生命周期评估方法以及移动设备的生态评价（Eco-rating）方面。2014 年，华为积极贡献并促成了 ITU（国际电信联盟）和 ETSI（欧洲电信标准化协会）就 ICT 产品、网络和业务的环境影响评估方法标准达成一致，还参与了手机行业生态评估标准的制定和发展。

近年来，华为一直使用 Quick-LCA 方法进行产品设计的环境影响评估。2014 年，华为进一步扩展该方法，并结合产品关键生态指标，提出了 EcoSmarT 方法来指导产品生态设计与开发过程。

图 8　华为的生态设计理念

2　绿色采购——环境友好型材料、供应商审核制度

2.1　环境友好型材料

环境友好型材料可以从源头间接减少对资源的消耗和对环境的破坏，在末端可以减少废弃物和处理废弃物所需的能耗，并拓宽材料的使用方式和领域，将负面环境影响降到最小。华为积极探索使用环境友好的新型环保材料，最大限度地减少对环境的影响。

华为从 2013 年开始在手机产品中使用生物基塑料。生物基塑料在环保方面具有传统塑料无法比拟的优势，其原料都是从植物中获取的，不需要消耗生产传统塑料使用的不可再生资源——石油，因此可以在很大程度上减少对环境的污染和破坏。

2014 年，生物基塑料已经应用到华为的更多产品上，共有 G730、P7、Mate7、荣耀 6 Plus 4 款手机产品使用了生物基塑料，其中使用的生物基塑料中蓖麻油含量大于 10%。华为使用更环保的大豆油墨进行印刷工艺。大豆油墨是指含有一定比率的大豆油的印刷油墨，由于其低挥发性有机物（VOCs）的环保性能及优良的印刷效果，能减少对石油资源的依赖，而且比传统油墨对人体健康危害要小很多。大豆油墨印刷品脱油墨容易，易于包装材料的回收利用。2014 年 1 月起，大豆油墨已在华为终端产品包装中普遍使用。

2.2 供应商管理

华为每年召开全球供应商可持续发展大会，对供应商采取分级管理，确保其持续符合可持续发展要求。根据供应商所在的国家、产品或物料类别、潜在高风险制造流程、业务量和业务关系、可持续发展绩效、环境风险和风险管理体系等因素，对占采购金额 90% 的供应商进行年度综合评估，划分为高、中、低 3 个优先等级，确定重点关注供应商清单。

华为每年对高、中关注度供应商实施现场审核。审核前，要求供应商对照《供应商可持续发展协议》的要求开展自检，识别自身的强项和弱项，并针对弱项拟订改善计划。通过现场审核，验证供应商自我管理能力，识别可能存在的问题，尤其是高风险问题、管理体系和管理能力等方面的问题。

定期审核是供应商可持续发展管理的重要环节。通过审核，华为能与供应商管理层评估其对可持续发展的重视程度和责任意识，探索问题根因，并采取相应措施避免类似问题再次发生。对于审核发现的问题，华为指导供应商采取 CRCPE（Check，Root cause，Correct，Prevent，and

Evaluate）五步法，开展根因分析，识别改善机会，并采取针对性的纠正和预防措施。同时，这些问题将被纳入供应商改善行动要求系统（SCAR）中，持续跟进直到闭环。2015 年，华为对 100 家中、高关注度供应商实行 100% 现场审核，引导 35 家供应商开展节能减排项目，累计减排温室气体超过 72 000 吨。

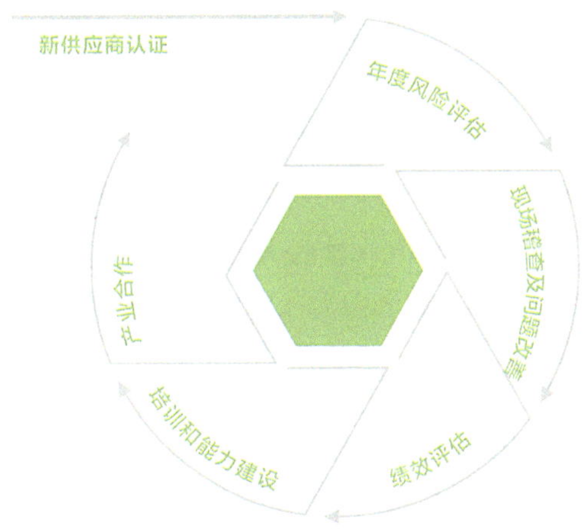

图 9　华为供应商管理模式

华为对所有新引入的供应商进行全面认证，其中包括可持续发展体系认证，以评估供应商遵守法律法规和可持续发展协议的能力和水平。供应商认证一般经过入围、认证、认证评审 3 个阶段，分别由不同的部门完成，确保认证过程公平公正。

- 入围阶段：将可持续发展要求作为供应商引入的基本条件和门槛之一，提前排除不能达到准入门槛的供应商；
- 认证阶段：供应商现场审核，通过管理层访谈、员工访谈、文件审核、现场检查和第三方信息检索等方法，评估供应商是否满足供应商可持续发展协议的要求；

- 认证评审阶段：专家组评审供应商现场审核的结果，可持续发展有一票否决权，达不到准入标准的供应商将不能通过认证。对于认证合格的供应商，华为要求其定期开展内部审核，确保持续符合华为可持续发展要求并持续改进。

3 绿色制造——领先的绿色 ICT 技术

华为在提高产品能效、开发利用新能源方面持续创新，开发了多种节能产品和解决方案，帮助客户提高能效，降低碳排放。同时，华为积极在绿色技术创新方面与业界相关机构及高校合作，并主导能效标准和相关技术规范的制定，推进业界绿色 ICT 技术创新和发展，提升节能减排竞争力和影响力。

2014 年 12 月，国际电信联盟电信标准分局（ITU-T）正式批准 G.fast[1] 宽带标准，华为积极推动该技术的标准化和产品化，贡献了省电工作模式、多线对串扰抵消等多项 G.fast 核心技术。华为与行业各方协同，推进无线产品能效标准的制定和完善，在欧洲电信标准化协会（ETSI）、中国通信标准化协会（CCSA）的基站、控制器、无线网络能效评估方法研究等标准项目中作为主要贡献者提供了多项提案，确保测试标准的准确性和可行性，促进移动网络能效提升。

在产品设计与生产过程中，华为始终将“降低产品对环境的影响”作为评价产品质量最重要的指标之一。2009 年，华为启动“绿色认证”计划，制定“绿色产品”的认证标准，涵盖了能效、再生能源使用、重量、包装、有害物质、回收、噪声和电磁辐射安全等绿色环保领域的所有法规、指令、标准与要求，从原材料、生产、运输、使用和废弃等产品生命周期的各个

1 可为用户提供高达 1Gbit/s 的接入速率。

阶段对产品的环境性能进行评价。绿色认证标准已导入公司的集成产品开发（IPD）流程之中。该计划牵引公司持续改善产品的环境性能、减少资源消耗、提高能效、降低生产和运行成本，减少产品生命周期对环境的影响。

4 绿色营销——引领可持续发展

华为于2014年9月22日在北京承办国际电信联盟（ITU）绿色标准周，会议围绕“绿色ICT论坛”“电子废弃物论坛”“可持续智慧城市高级别论坛”“电磁环境与可持续智慧城市论坛”“ITU-T SG5亚太区域会议”等论坛展开讨论。其中，智慧城市建设成为各方讨论重点。在这一领域，华为一直倡导建立可持续发展的智慧城市，提出了智慧政务、平安城市、智能交通、智慧园区、智慧医疗、智慧教育等解决方案，当前华为的智慧城市解决方案已经在全球100多个城市广泛应用。通过ITU绿色标准周活动，华为充分探讨了具备可持续发展特征的智慧城市和建立可持续发展城市的方法，引领智慧城市可持续发展的方向，从而为绿色世界建设贡献力量。

5 绿色使用——倡导绿色包装及绿色消费

华为在包装材料的选择、制造、使用和废弃等生命周期的各个环节都严格遵守环保要求，使用对生态环境和人类健康无害、能重复使用和再生、符合可持续发展要求的包装。华为通过开展绿色包装实践不仅能减少包装材料的使用、节约资源，还有助于减少温室效应气体排放。

华为制定了“6R1D”绿色包装策略，即以适度包装（Right Packaging）为核心的合理化设计（Right）、减量化（Reduce）、可反复周转（Returnable）、重复使用（Reuse）、材料循环再生（Recycle）、能量回收利用（Recovery）和可降解处置（Degradable）。

图 10　华为 6R1D 包装策略

6　绿色物流、绿色回收

绿色物流不仅可以降低运营成本，更重要的是可以减少能源消耗和降低对环境的污染，是华为端到端的绿色环保战略中的重要一环。

运输过程中的燃油消耗和尾气排放，是物流活动造成环境污染的主要原因。华为在基于数据分析的基础上，开展绿色物流实践。对运输线路进行合理布局与规划，通过缩短运输路线，提高装载率等措施，实现节能减排的目标。2015 年，华为主要通过引导运输方式降级、开发多样化运输方案、推行轻质托盘、提升集装箱利用率等措施，来减少物流过程中的能源消耗和碳排放，实现绿色物流。

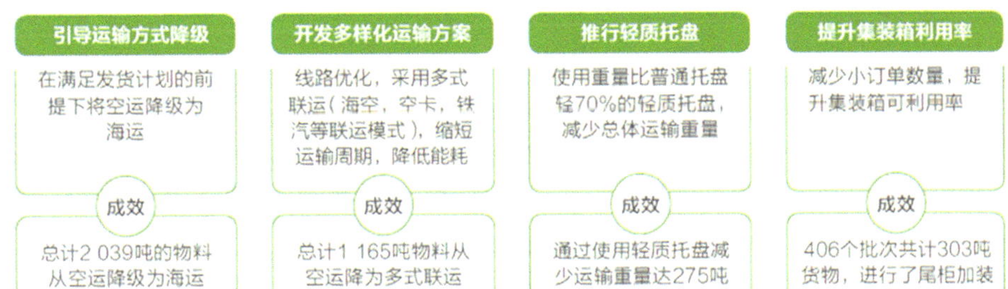

图 11　绿色物流措施与成效

华为在绿色供应链的各个方面都进行着持续实践，包括保证华为产品的环保合规性、保证合作伙伴运营活动的环境合规性等。通过引导供应链节能减排，提升产业链综合竞争力。

案例二 松下的绿色产品和绿色工厂[1]

1999 年 3 月，松下公司发布了《绿色采购标准》和《化学物质管理等级准则》，其中《化学物质管理等级准则》分为产品版和工厂版。与其他公司不同，松下公司的《绿色采购标准》和《化学物质管理等级准则》是供其名下各事业部自行制定相应采购标准时所使用的一个指导方针，即各事业部可以制定更为严格的要求。

松下公司的《绿色采购标准》于 2012 年 4 月发行了第六版，主要包括供应商的选定标准和产品的选定标准。

供应商的选定标准是在考虑供应商的质量、价格、交货期、服务、技术开发能力等因素时，优先选择积极采取各项环境保护活动的厂商，包括 4 个方面的要求：①按照《化学物质管理等级准则（产品版）》要求，提交保证书保证其供应产品中不含相关物质。此外，供应商还需根据客户需求，完成高于规定标准的要求；②供应商提供产品中化学物质含量的具体数据，并将数据录入专门的“产品化学物质管理系统”；③供应商在开展 ISO 9001 或 ISO 14001 认证的基础上，建立化学物质管理系统；④供应商建立并开展环境管理。

1 资料来源：松下电器官方网站；PANASONIC 绿色采购官方网站；技术壁垒资源网；http://www.panasonic.cn/。

产品的选定标准是在考虑质量、功能、经济合理性的同时，优先选择环境负荷较少的产品，包括8个方面的要求：①所选取的材料符合可再生资源和能源节约等法律、法规；②所选取的材料不含有《化学物质管理等级准则（产品版）》所规定的禁用物质；③对材料中含有的《化学物质管理等级准则（产品版）》规定物质，要确定含量；④选取的材料在制造过程中对环境影响小，包括释放有害化学物质要少且对空气、水或土壤等的污染要小；⑤尽量减少材料的尺寸或使用可再生材料和零部件，达到节约资源和能源的目的；⑥尽可能采用可回收材料；⑦要公开披露材料的环境信息（如使用的化学物质名称和数量等）；⑧包装材料应以资源节约、可回收、使用量最小为原则，并尽可能少地使用或不使用对环境有负面影响的化学物质。

《化学物质管理等级准则（产品版）》旨在明确规定零部件、器件和材料中禁用的化学物质和需管理的化学物质，告知集团各事业部和供应商，以降低松下集团所生产和销售产品的环境影响。松下将管理的化学物质分为3个等级：1级禁止物质、2级禁止物质以及3级管理物质。此外，针对1级禁止物质还制定了检测分析方法。此外，还有《化学物质管理等级准则（工厂版）》将生产过程中需要识别和控制的化学物质告知松下集团全球各事业部，达到保护全球生态环境的目的。

1 松下的绿色产品

中国松下借鉴行业企业环境工作的成果和经验，结合自身特点，探索出以“绿色产品”（Green Product, GP）生产和“绿色工厂”（Green Factory, GF）为主要方向的环境管理模式。

“设计的不绿色是最大的不环保”，松下电器建立起基于全生命周期的产品环境影响评价制度，在策划、设计和出厂的各个环节，评价产品对环境的影响，不断降低产品和服务在生产使用过程中的环境负荷。

评价项目		评价标准
① 产品本体	防止全球变暖	CO_2 排放量 · 节能
	有效利用资源	节约资源、轻量化 · 小型化、再使用零部件的数量、长期使用性、再生资源使用量等
	水、生物多样性	节水、保护生物多样性
	与其他公司的比较	
② 生产工序(对象产品的评价)	防止全球变暖	CO_2 排放量 · 节能
	有效利用资源	节省资源、包装材料排放的质量、资源使用量、工厂废弃物量等
③ 包装	有效利用资源	节省资源、轻量化 · 小型化、泡沫塑料的使用量、再生资源使用量等
④ 使用说明书	有效利用资源	节省资源、轻量化 · 小型化、再生资源使用量
①②③④	化学物质管理	本公司化学物质管理准则（产品、工厂）
LCA评价		全球变暖
信息管理		绿色采购、供应链上的信息提供等

图 12　松下产品的环境评价

2 松下的绿色工厂

松下电器为实现“在生产环节持续降低全球所有工厂对环境造成的负荷”的目标，建立了“绿色工厂”评价制度，并以此为基础持续开展节能减排活动。中国松下的生产工厂基于各自的实际状况推进包括重金属削减、可再生能源运用、绿化环境等活动，不断降低生产过程中的环境负荷。

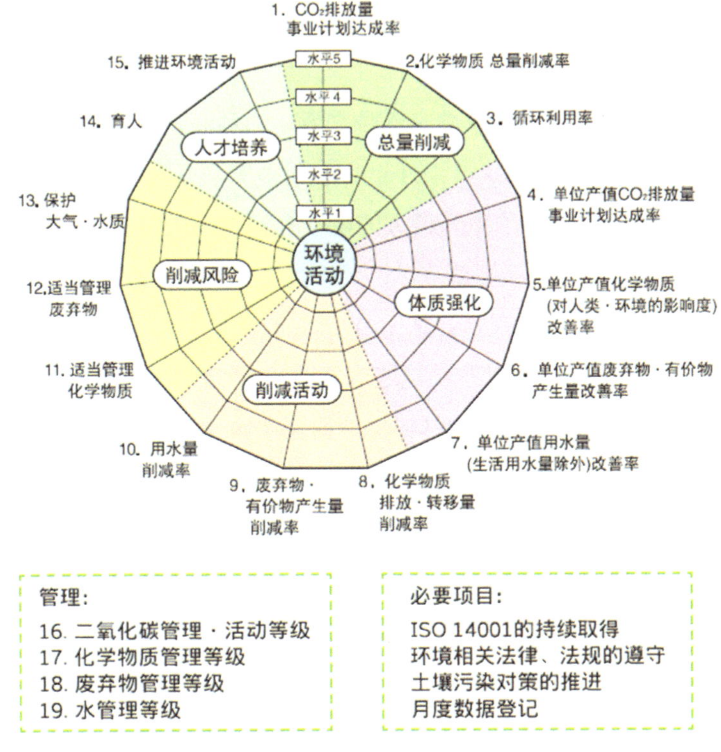

图 13 绿色工厂评价制度指标体系

案例三 透明撬动治污——苹果的绿色供应链管理[1]

IT 产业高度发达的全球供应链带来效率和利润，但也带来了供应链管理上的巨大挑战。自 2010 年 4 月起，中国多家环保组织开展的绿色选择 IT 产业污染调研，推动了国际最大的电子公司之一的苹果公司对于其在中国供应链上污染企业的环境整改。

苹果自 2012 年 4 月开始尝试使用非政府组织（NGO）监督下的第三方审核机制，推动其供应商整改环境违规问题。经过沟通和探讨，苹果公司与环保组织逐步就推动高污染的材料供应商实现转变达成共识。从整个 IT 行业来看，其污染排放和水耗、能耗主要集中在原材料生产环节，其中尤以印制电路板（PCB）企业最为典型。针对环保组织提出的质疑，苹果公司推动三家全球主要 PCB 供应商接受环保组织监督下的专项审核，三家供应商废水管理、危险废物减排和提升用水效率方面均有了良好实践。

苹果公司推动 PCB 供应商改善环境表现：

PCB 作为 IT 产品的心脏，越来越广泛地应用于各类智能 IT 产品，因此它的生产过程造成的污染和水资源消耗，是 IT 行业特别突出的问题。基于对 PCB 环境影响的共识，苹果公司与环保组织达成协议，在绿色选择

1 资料来源：《苹果：透明撬动治污》，http://www.ipe.org.cn/alliance/index.aspx。

审核的基础上，开展了 NGO 组织监督下的第三方专项审核。

1　对含重金属和化学物质复杂废水的管理

由于 PCB 生产过程中结合使用重金属和化学品，产生的工艺废水中可能含有一些较难处理的复杂污染物质，如重金属铜、镍、汞、六价铬及锌和持久性有机污染物（POPs）。

在历次调查中，环保组织列举了部分苹果 PCB 供应商的污染问题。在聘用第三方机构确认问题存在后，苹果公司推动这些企业制定和实施整改方案，并逐步推动它们接受环保组织监督下的第三方审核，以便向公众公开证明其整改情况。A 供应商就是其中一个在开展审核后发生明显变化的案例。

A 供应商的良好实践：

- 针对污染物总量超标

◇ 在最终合流处理系统收集池处监控铜浓度，如发现超出设计处理值，立即加入重金属捕捉剂；

◇ 建立氰化物、总铜和总镍排放的在线监测系统；

◇ 在各排液处理系统做监控，发现超出设计值时，直接回流再处理。

- 针对雨水口排放

◇ 为避免污水和雨水管网混搭的情况，将原地下工业废水输送管道改为地上；

◇ 在两个雨水最终排放口安装阀门，切断其直接排放的方式；

◇ 在两个雨水最终排放口前端新增设了一个 400 立方米的储水池，将初期雨水泵回至排水渠进行处理；

◇ 工厂在两个雨水总排口处新装了在线监测系统，监测其铜和镍的浓度，确保无超标情况出现。

- 对于底泥污染问题

聘用专业机构，制订可行方案，进行认真修复。

2 危险废弃物减量

PCB 行业的工业危险废弃物产生源头包括：PCB 电路板粉尘，酸碱性蚀刻废液、废电镀液、含镍废液及含铜污泥。含重金属废水经过酸化处理会产生具有危害性的废污泥，若不经妥善处置会对土壤和地下环境造成严重的重金属污染。

B 供应商的良好实践：

◇ 识别污染来源；

◇ 制定多项减排措施，完善设施和管理，对金属资源实施清洁回收；

◇ 通过专项审计，确认减排效果；

◇ 在 IT 行业首次尝试利用公开监管记录对危险废物处理商的违规问题进行跟进，将供应链环境管理向下延伸。

3 水资源的可持续利用

生产企业需要正确认识因水资源稀缺和污染给本行业及更广泛的环境带来的种种挑战，并开展实际行动来降低水耗。同时，企业通过产品或工艺创新、使用再生水或回用水等手段达到降低水耗的目的，从而减少水费开支，亦能产生一定的经济效益。

C 供应商的良好实践：

◇ 在工艺流程中用优质再生水替代自来水，大幅度降低对当地水资源的影响；

◇ 制订和实施节水计划，提高用水效率。

案例四 绿色伙伴——理光的绿色供应链管理[1]

理光是世界著名的办公设备及光学机器制造商，为有效进行环境保护，理光集团将全球事业活动的所有关系企业都作为绿色伙伴，共同降低环境负荷。

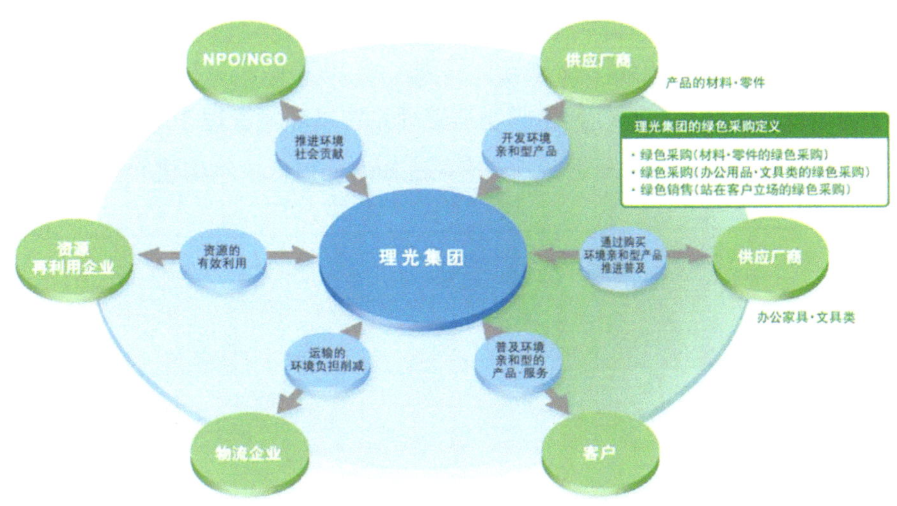

图 14 理光绿色伙伴关系

1 资料来源：理光环境经营报告书；理光绿色采购基准。

理光集团将绿色采购定义为采购环保工作先进的工厂所生产的产品；采购环境负荷少的原材料、零件、产品，并最早于1998年颁布了《绿色采购方针》，要求供货商构建环境管理系统，并认定该系统的构建也是新业务开发的先决条件。

此外，理光集团为采购环境负荷少的原材料、零件、产品，于2002年制定并颁布了《绿色采购标准》。《绿色采购标准》对预防污染、节省资源、循环使用以及节省能源、防止温室化3个主要实施对象制定了具体采购标准。因此，今后理光集团购入的原材料、零件、产品都将遵照此标准进行采购。关于原材料、零件、产品中含有的化学物质，也另外进行环境负荷情报调查。

在推进环境管理系统的构建、依据绿色采购标准采购所含化学物质不会破坏环境的原材料、零件、产品的同时，理光集团又做出需要在供应链各环节对产品含有的化学物质进行管理，于2004年向供货商提出构建化学物质管理系统的要求。此化学物质管理系统以环境管理系统为基础，包含了化学物质管理的实际运用，具有可在短时间内低成本构建的特征。

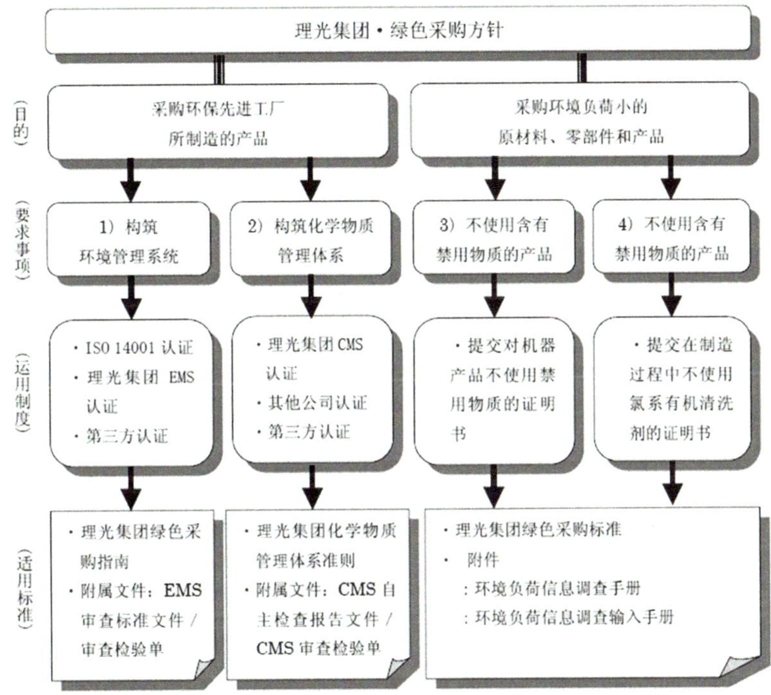

图15 理光绿色采购方针

理光集团通过绿色采购，建立绿色伙伴关系，将有效而持续地进行环保活动。

绿色采购的必要条件：

- 环境管理系统（EMS）的构建；
- 化学物质管理系统（CMS）的构建；
- 不使用机器产品所禁止使用的物质，包括在生产工序中不使用臭氧层破坏物质；
- 生产工序中不使用氯系有机清洗剂。

除了上述绿色采购的必要条件，还会对各供货商提供的原材料、零件、产品进行个别环境负荷信息调查。

为掌握用于构成理光集团品牌机器产品的原材料、零部件和产品等的化学物质含量及制造过程中的使用状况，实行环境负荷信息调查。调查主要内容：

- 零部件、组件、产品

◇ 所含化学物质的调查：调查对象物质；含量；使用目的；使用部位。

◇ 零部件质量。

◇ 主要构成材料。

- 原材料（树脂、钢板）

◇ 所含化学物质的调查：调查对象物质；含量；使用目的；使用部位。

◇ 材料特性。

◇ 阻燃性（仅限树脂）。

如要供应商对供给理光集团的原材料、零部件和产品等提出不使用禁用物质的替代品建议，需要向理光集团批量生产采购部门或购买部门提交必要的文件（部品检讨依赖书等）、样品、测量数据和产品目录等。然后由理光的有关部门对此进行必要的研究评估，给供应商批准与否的通知。

- 生产工序中影响环境的化学物质的管理基准。

案例五 富士施乐的资源回收及再资源化[1]

联合国环境规划署早在2010年发布的《回收再利用：电子废物转为可用资源》报告中指出，中国电子废弃物的产量已经超过230万吨，并以每年3%～5%的速度增加。电子废弃物的处理已成为新的环境课题。据统计，电子废弃物中含有约40%的金属、30%的塑料以及30%的氧化物，其潜在价值不容忽视。

作为全球最大数字与信息技术产品生产商，富士施乐集团积极关注并亲身参与到环境保护工作中，以推动人类社会的可持续发展。为了应对资源的过度消耗和电子垃圾污染问题，富士施乐在中国设立了一家资源循环工厂，即富士施乐苏州工厂。富士施乐苏州工厂秉持“零污染、零废弃、零非法丢弃”的理念，专注于使用后的产品的拆解，并逐步引入再制造技术，实现使用后的产品的零废弃，为减轻环境负荷做出贡献，切实履行富士施乐的环境责任。

1 资料来源：富士施乐中国微信公众号，http://mp.weixin.qq.com/s?__biz=MzA3NDA0MzgzMQ==&mid=2651149605&idx=1&sn=6a7d1043fb7b4e46ceea6bede45fc7e2&mpshare=1&scene=1&srcid=0718U0IM8xx9PFlwrn5gmy0l#rd。

1　再制造领域的勇敢探索

富士施乐中国在全国范围内开展客户使用后耗材和打印机、数码多功能机等设备的回收工作，并通过富士施乐苏州工厂对回收的设备和耗材进行专业化处理、再利用及再资源化。2014 年，多个重要产品实现再制造。此外，富士施乐苏州工厂再制造的废粉回收盒获得工信部的再制造产品认定。

同时，富士施乐苏州工厂响应中国政府将打印机、复印机纳入 WEEE（Waste Electrical and Electronic Equipment，报废电子电气设备）管理办法的要求，积极协助环保部固废中心编制办公设备拆解处理企业规划、资质许可方案和拆解处理指南，为编制打印机、复印机拆解和回收相关的法律法规指南提供了丰富的经验。

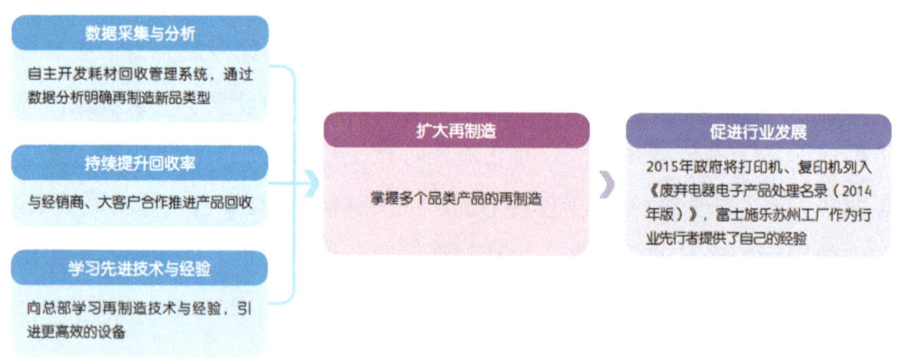

图 16　富士乐施再制造过程

2 促进再制造能力提升

2.1 引进先进的清洁生产技术

通过光学传感设备可以检测到废粉回收盒中的墨粉是否已集满。如果废粉回收盒在清扫后仍有残留墨粉，则光线无法通过，就会出现误报警的情况。因此，在再制造过程中，清洁是至关重要的一步，决定着废粉盒有无再制造的价值。在总部的帮助下，富士施乐苏州工厂引进了自动清扫废粉回收盒内部的装置，实现对废粉盒的无死角清洁。富士施乐苏州工厂还从日本引进自动化防爆设备，避免由碳粉引起的潜在安全风险；采取碳粉集中回收措施，并交由有资质的资源再利用合作伙伴进行妥善处理。

2.2 实施改善活动，提升再制造能力

富士施乐苏州工厂自成立以来就提出“工作 = 业务 + 改善”，于2012 年专门成立改善室，借助外部专家的指导并与总部、兄弟公司交流获取实施改善活动的方法与技能。2013 年，富士施乐苏州工厂快速推进以改善室为中心、员工自发参与的改善活动，通过加强管理，降低 3K 作业带来的风险，提高了员工的职业健康安全水平，为再制造业务的扩大奠定基础。例如，用集尘作业台吸收被回收的耗材中的墨粉，以有效降低空气中的碳粉浓度，保障员工健康安全。当集尘作业台产生的风速 0.7 米 / 秒时才能保证墨粉被吸收干净，所以每月用风速测定仪测定 3 次风速，以确保风速达到工作要求。

3 提升产品回收能力

产品的回收率是实现再资源化的主要因素，为此富士施乐加大了争取经销商参与产品和耗材回收的力度。2014 年，启动渠道回收项目，为参与

该项目的经销商提供专用的周转箱，并给予他们资金补贴等支持，利用经销商大会的机会对回收成果突出的经销商进行表彰。2014 年，通过渠道回收的产品的数量达到以往的 4 倍，在回收率方面也有较大提升。

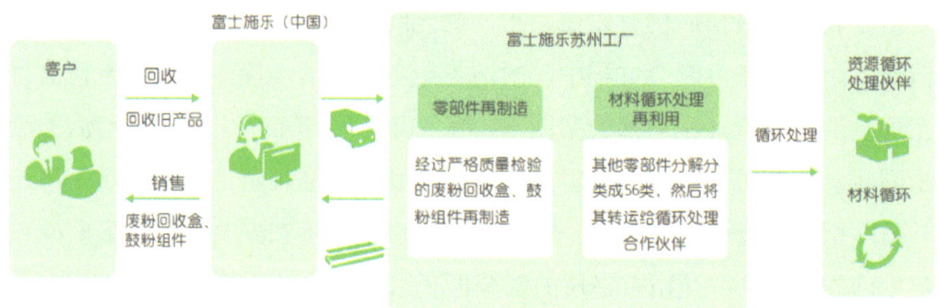

图 17　富士乐施回收再制造流程

使用过的办公设备如果不加以妥善回收和处理，不仅是资源的极大浪费，还会造成对环境的污染。而且使用后的产品的零部件经回收处理后可以用于生产新的产品，从而节约有限的资源。富士施乐苏州工厂通过导入整合资源循环系统，具备了拆解和再利用使用后的产品的能力，此外，还从日本总部获取成熟的再制造技术，实现从再利用向再制造的提升。在持续开展再资源化的 7 年中，借助富士施乐（中国）遍布全国的销售网点和经销商等伙伴的支持，建立起完善的使用后的产品回收、运输网络，保障整合资源循环系统的运行，使再制造技术有了用武之地，从而大幅度提升了再资源化成效。

富士施乐认为“使用过的产品不是垃圾而是宝贵的资源”，它更坚信“企业不仅要实现业务的增长，更要对经营的整个价值链负责，并努力贡献于当地社会的可持续发展”。

案例六 佳能全生命周期环境管理[1]

在佳能集团环境宪章和环境愿景的指引下，佳能（中国）构筑了完整的环境管理体系，建立了完善的环境合规性评价体制，严格识别和管控环境风险，制定并实施一系列环境管理规则，以绿色环保的方式开展各项业务运营。同时在产品生命周期的每个环节积极采取节能减排措施，将与自然环境和谐共生的环保理念贯彻到每一个企业行动之中。

1 佳能产品的绿色设计

佳能从产品设计之初就注重产品性能与节能环保的高度融合。通过生命周期评估体系，对产品整个生命周期产生的环境负荷进行评价。佳能对产品进行轻量化与小型化设计，尽可能降低每件产品在整个生命周期中的温室效应气体排放量，同时在研发中尽量避免选用有害化学物质，保障人体健康与安全。

为缓解并适应气候变化带来的影响，佳能由环境统括中心收集包括气候变化在内的与环境相关的各种信息，包括规制信息、市场评估、企业利

1 Canon-(China)-CSR-Report2015-2016. https://www.canon.com.cn/corp/csr/environment/index.html.

益相关方的意见等，并进行综合分析，通过“法规制度平台”“产品评估”等方式，及时将分析结果反映到产品设计以及中长期技术开发计划上，以便生产出满足各种不同需求的环保产品。

截至2015年年底，佳能在售产品中达到1级能效标准的产品型号个数为114个，获得中国环境标志认证的产品型号个数为205个，获得中国节能认证的产品型号个数为109个。

2 原材料绿色采购

在原材料及零部件采购过程中，佳能对供应商进行严格的环境评估和考核，对其化学物质管理体制及应用事项进行确认，并优先选择合理进行产品化学物质管理的供应商。

2.1 佳能（中国）绿色采购标准

- 1997年，佳能在业界率先发行绿色采购标准：严格遵守规定，坚决不使用含有铅、镉等有害物质的零部件，并且还优先采购对环境负荷小的材料、零部件以及产品等。
- 2007年，佳能（中国）建立绿色采购体系：提出佳能（中国）绿色采购要求，对绿色采购进行分级管理，制定绿色物品名录，严格推行绿色认定品的购买。
- 2014年，佳能（中国）制定绿色采购规则：提出关于产品及包装所含化学物质管理的事项和程序，确保产品和包装符合所含化学物质管理的相关要求。

2.2 绿色采购运行机制

在采购开始前，佳能（中国）会在采购项目说明中明确采购要求、选择供应商的标准等内容。对新引进的供应商要对其在运营、质量、环境等多个方面进行调查。对重要有形产品的采购还会进行生产现场检验，确保产品的品质。

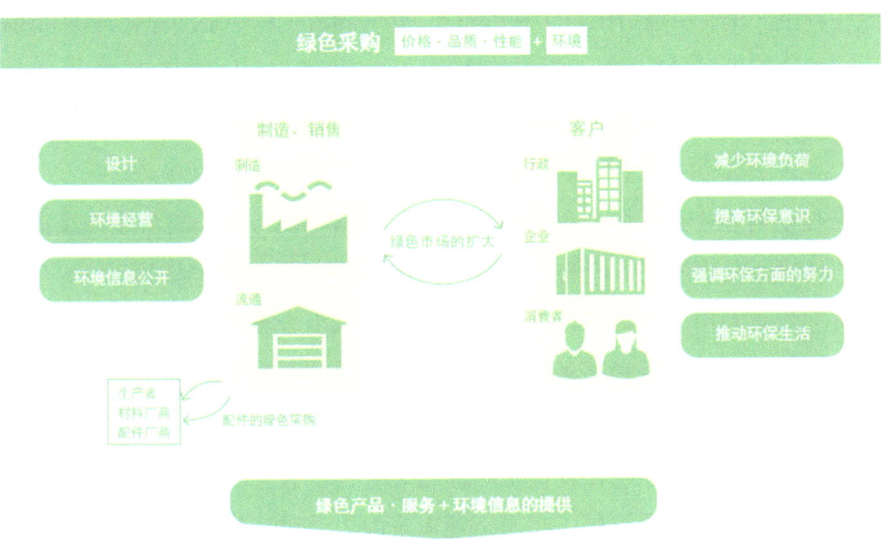

图 18　佳能（中国）的绿色采购

3　产品的绿色生产

佳能在设立工厂或增加生产线时，坚持先评估项目对环境的影响，判断计划的可行性。同时，佳能综合考虑产品生产过程中对环境的影响，依托严密的生产和管理流程保证绿色生产，通过持续的设备和工艺流程改进促进节能减排，并积极参与碳排放交易，竭力降低环境负荷。

3.1　节约能源资源

佳能充分发挥技术创新，开展设备节能改造，并在技术及经济允许范围内选择节能设备，全力提升能源利用率，同时积极引进太阳能发电、风力发电等可再生能源，减少一次能源消耗量。此外，佳能重视水资源管理，通过在各生产企业引进封闭再生利用系统，促进制造工程中水的净化与再利用，削减制造工程用水量，同时减少废水排放。

3.2 控制废弃物排放

佳能对生产过程中产生的废弃物实行严格把控，定期对各生产企业排放的环境负荷物质进行检测。在固体废弃物管理中，通过削减废弃物产生、促进回收再利用、推进资源再利用等措施，减少废弃物排放量，对无法循环利用的废弃物则进行妥善处理，并禁止填埋、限制焚烧废弃物。在防治大气污染方面，用煤油替代重油燃料，选择所用燃料产生大气污染物质较少的设备，并严格控制设备使用时的燃烧条件，大力削减硫氧化物、氮氧化物、粉尘等物质排放量。在噪声管理方面，通过选择低噪声的设施，改善设施配置、设置防音装置等，尽量避免噪声污染。

3.3 促进循环再利用

佳能坚持珍惜资源、合理利用的方针，促进生产环节的能源、资源循环再利用，对原有设备进行更新及改善，不断增强对废气、废水、废渣的循环利用能力，实现循环经济，促进可持续发展。

4 绿色包装与物流

在产品包装与运输环节，佳能采取有益于环境的改进措施，包括采用环保包装材料、改进运输路线、转换运输方式、优化装载布局等，全力减少碳排放。

针对零件快递包装存在空间浪费的问题，佳能（中国）对快递包装箱进行设计改善，实现了包装箱大小依据零件实际体积的灵活调节，减少了填充材料的使用，达到节能环保的效果。

5　绿色回收

佳能持续加大对产品回收再利用的投入与推广力度，不断完善网点的产品回收利用体制，增强处理能力，扩大回收再利用材料的使用范围。同时积极举办信息交流会，研究探讨再生利用课题，促进资源再生利用活动的有效开展。

对于废弃物处理的供应商，佳能（中国）也会进行严格的确认。佳能在中国建立产品环保回收体制，接受客户送来的废弃佳能产品，并交给有资质的处理公司进行环保处理和资料再利用。每年对废弃物处理公司进行现场监察，并关注其下游处理公司的法律遵守情况。佳能以自身全生命周期的环境管理践行企业绿色供应链职责，守护绿色。

家具行业绿色供应链管理

家具行业实施绿色供应链管理，主要可以从绿色设计、绿色营销、引导绿色消费和绿色回收几方面着重开展工作。

在家具设计阶段，应尽量减少加工难度和资源能源的消耗，家具的制造结构要便于装配、拆卸并且要提高材料回收重复利用率。原材料的选择可以尽量选用竹木、藤条等可再生材料。利用环保创新理念丰富家具的功能性，合理利用资源。

绿色营销与消费，指企业提供绿色产品且采取绿色的方式来销售产品。

- 绿色包装。对于大型家具的包装可以通过计算机方针识别家具中最脆弱的部分，然后利用塑料泡沫对方针包装进行结构优化。对于小型的家具可以采用折叠包装箱进行包装，以便重复利用。

- 绿色运输。目前来说，家具的运输主要采用公路运输，而运输车辆的尾气排放对环境造成了严重的污染。因此，家具行业企业对运输路线要采取优化设计，根据货物的大小选择合理的运输工具，在一定范围内尽可能实现集中配送。对于短距离运输作业，可选用新能源车辆进行配送，减少能源消耗和污染物排放。而长距离运输作业也可通过联合运输和甩挂运输等方式，降低运输成本和环境污染。

- 绿色消费。绿色消费主要针对消费者，在产品的使用过程中，消费者可通过日程的维护保养延长家具的使用寿命，增强家具的可维护性，减少家具报废后的处置工作。

- 绿色回收。产品废弃阶段的绿色性主要体现为回收循环再利用，在绿色供应链中将家具回收再利用产生的逆向物流链和正向物流链紧密结合形成的闭环物流链可以最大限度地节约资源，减少废弃物的排放。物联网的快速发展，使得产品在生产、销售和回收等环节都得到实时的跟踪和监管，这在很大程度上提高了产品的利用率，降低了企业成本、资源消耗，减少了产品生命周期中环境污染物的排放。

案例 宜家家居绿色供应链管理[1]

瑞典宜家集团（宜家家居 IKEA）于 1943 年创建于瑞典，已成为全球最大的家具家居用品商家，宜家家居在全球 28 个国家和地区拥有 328 个商场，其中有 19 家在中国。宜家的采购模式是全球化的采购模式，它在全球设立了 16 个采购贸易区域，其中有 3 个在中国，分别为华南区、华中区和华北区。宜家在中国的采购量已占到总量的 18%，在宜家采购国家中排名第一。

1 绿色设计与采购

宜家家居的采购模式是全球化的采购模式。宜家的产品是从各贸易区域（Trading Area）采购后运抵全球 26 个分销中心再送货至宜家在全球的商场。宜家的采购理念及对供应商的评估主要包括 4 个方面，持续的价格改进、严格的供货表现 / 服务水平、质量好且健康的产品、环保及社会责任（The IKEA way of Purchasing home furnishing products, IWAY）[2]。

在原材料采购环节，宜家有严格的材料筛选流程，确保所用原材料的

1 资料来源：奚程《浅谈宜家家居的绿色供应链运作模式》；《2016 年宜家家居企业社会责任报告》。

2 宜家采购家居产品要求，它是宜家公司对供应商有关环境保护、工作条件、童工和森林资源方面的政策。

绿色化程度。为保证采购环节的环保绿色性，宜家对供应商和材料的采购物流进行评估筛选，供应商生产过程中的环境问题、有毒废物污染、是否通过 ISO 14000、产品包装中的材料及危险气体排放等问题成为宜家评估的主要方面。在原材料运输、保管、搬运、包装和流通加工等环节，宜家会对其产生的环境影响进行适时评价，并通过不断地改进与完善，降低产品在设计与采购环节的环境污染。

自 1986 年开始，宜家就采用德国 E1-NORM 标准，这是世界上最为严格的木质甲醛含量标准。宜家在包装材料上要求可以回收利用或二次重复使用。1994 年，瑞士的宜家商场向顾客提供家具回收服务，并首次开展了 LCA 生活周期分析，对部分家具对环境的影响进行分析研究。随后，宜家开展了实木产品原材料产地追踪计划。2000 年，宜家出台了《宜家家居产品采购政策》，规范了产品采购过程中的环保要求。

2 绿色生产

在产品的生产过程中，宜家会综合考虑产品制造过程的输入、输出和资源消耗以及对环境造成的影响，包括从原材料到合格产品的转化过程和其中物料流动、物资能源的消耗、废弃物的产生、对环境的影响等状况。在产品的生产过程中，宜家通过不断优化工艺，减少资源消耗和污染物的产生，降低工艺成本和污染处理费用，提升产品生产过程的环境绩效。

3 绿色消费与回收

宜家在产品的销售环节注重生态管理，包括产品的分销渠道、中间商的选择、网上交易和促销方式的评价等。宜家根据自身产品特点，尽量缩短分销渠道，减少分销过程中的污染和社会资源的损失，在选择中间商时宜家会考察其环境绩效，并在产品的销售过程中重点宣传企业和产品的绿色特征，引导大众绿色消费。

宜家在产品的使用过程中会跟踪产品的使用寿命和循环再利用等情况，不断增强产品的可维护性，减少产品报废后的处置工作。宜家在产品废弃阶段的绿色行为主要体现在对产品的回收利用、循环再用和报废处理等过程中。

宜家开展绿色供应链管理，大大提高了其经济效益，并且带来了巨大的社会效益，为企业可持续发展和品牌竞争力的提升奠定了基础，使宜家赢得了良好的社会声誉和品牌形象。

制鞋行业绿色供应链管理

案例 东莞绿洲鞋业有限公司[1]

东莞绿洲鞋业位于东莞市厚街镇，主要生产斯凯奇（SKECHERS）运动鞋，出口美国、英国等多个国家。2016 年，东莞市开展绿色供应链管理试点评估工作中，绿洲鞋业获得绿色供应链四星级评价证书。

绿洲鞋业严格按照绿色供应链管理要求，从绿色设计与采购、绿色生产与物流及绿色消费与回收三方面开展绿色供应链管理。

1 绿色设计与采购

在产品制造生产前，绿洲鞋业在设计环节采取设计及材料一体化，简化设计流程，节省人力及成本；采购环节由电子采购系统代替原来的手工订单及供应商到场接单的模式，对供应商环境、品质、安全等方面管理绩效进行考核评估，做到原材料的绿色采购。

绿洲鞋业公司在绿色设计与采购方面，建立了相关的程序文件摘录，包括《产品设计开发管理规定》《制程标准设定管制程序》《采购管理程序》《供应商评审管理程序》《进料检验标准》《绿色采购管理规定》《环境管理物质管理规定》及相关方环境施加影响管理程序等。公司对供应商

1 资料来源：东莞市环境保护局，《绿色供应链企业试点报告》。

的环境管理水平有一定的考核标准：评估供应商在生产、设备、合法性、环保管理等方面的环境绩效；公司采购部门对供应商采取定期现场评审；对供应商进行绩效考核评估；与供应商签订无苯保证协议等相关环保协议。

2 绿色生产与物流

绿洲鞋业对生产过程中产生的废水，建立了废水监督管理机制，设立专用回收桶收集储存，建立废水管理台账，记录废水产生量，定期转移废水至专业机构处理。此外，公司还建立配套的废气处理设施，例行环境监测且内部实施监督管理机制，并配备专职人员定期检查，确保符合环保要求。另外，公司对物流商加入环境管理要并与厂商签订相关环境保护协议。

在生产物流环节，公司制定《零星废水管理规定》《废气含 VOC 治理管理规定》《生产粉尘管理规定》《噪声防治管理规定》《危险化学品管理规定》《危险废弃物管理规定》《突发环境事件应急预案》《环境信息公开管理办法》《节能环保实施方案及资源能源管理规定》等相关的文件，确保公司在生产物流过程中对污染物的监控与管理。

图 19 刷胶工序废气处理流程图

3 绿色消费与回收

绿洲鞋业公司建立有不合格产品管理制度，对不合格产品有完善的维修记录，确保材料的充分利用；设有专职部门监控废弃物日常管理，建立废物统计表，实行台账管理，可回收废弃物由专业机构无害化处理或回收再利用。公司生产使用后，废弃的线芯轴交由厂商回收后再利用，减少塑料废弃物的产生。

在绿色消费与回收环节，公司建立《不合格品管理程序》《产品报废管理规定》《安全生产环境保护管理责任制度》及《废弃物管理作业指导书》等相关环境管理指导文件。

4 其他绿色供应链管理措施

公司建立环保管理看板，发布公司内部环境管理规定，宣传绿色供应链环境知识，并在厂区设立环境信息公开专栏。公司积极参与东莞市企业事业单位环境信息公开和环保信用评级管理，通过多种途径公开自身环境信息，接受公众及政府部门的监督监管。

图 20 绿洲鞋业有限公司环境信息公开专栏

化工行业绿色供应链管理

案例一　科思创聚合物（中国）有限公司的绿色供应链管理[1]

1　绿色设计——低碳节能，绿色发展

科思创开创性地把温室效应气体作为一种新型原料生产聚氨酯弹性体，聚氨酯材料可以广泛应用于建筑保温材料、汽车内饰件、家具等领域。作为“梦想制造”项目的一部分，科思创与德国亚琛工业大学和柏林工业大学共同合作，研发深度处理工艺，推动将二氧化碳广泛应用于弹性体的规模化环保生产。新工艺比传统工艺更节能，溶剂用量更少，凸显生态发展优势。石油用量减少，也意味着前期预备工序的简化，总体耗能降低，温室效应气体排放减少。

2　科思创：化工 TFS 项目

科思创作为化工行业携手可持续发展（Together for Sustainability, TfS）项目的主要倡导者之一，为确保采购方与供应商在环境、社会和道德标准共同认知的基础上进行业务合作，在选择供应商时不仅基于价格，还根据他们在环境与社会责任领域的表现来进行决策。通过业界长期倡导

1　资料来源：科思创聚合物（中国）有限公司官方网站；佚名，《科思创获上海“绿色发展·共享未来”企业社会责任（CSR）优秀案例奖》。

来支持并加强各方协作，从而设立到2020年为供应商群体建立一套新的可持续发展标准的目标。

3 绿色生产，节能减排

科思创上海一体化基地是科思创在海外投资最大的项目，位于上海化学工业区。作为科思创在全球最重要的生产基地之一，通过采用创新工艺和一流技术，致力于可持续经营，将环境责任融入产品和生产流程中。科思创在诸多的中间体以及最终产品的生产上，都采用了先进的节能减排技术。

氧气去极化阴极（ODC）技术：ODC生产技术通过盐酸电解实现氯循环，被运用在氯气的工业化生产中，从而将节省多达30%的电能，并降低氯气排放量。

气相光气法：甲苯二异氰酸酯（TDI）设施采用创新的气相光气法，与类似规模的传统生产装置相比，这项新技术可节能60%，每年减少6万吨的温室效应气体排放量，节约80%的溶剂，降低约20%的投资成本。

硝酸生产装置：自主安装一氧化碳消减系统，氮氧化合物接近零排放，相当于减少70万吨的温室效应气体排放。

能量管理体系STRUCTese ™：运用一种三步法来实现节能以及增强节能的意识，通过优化控制可以使生产工厂的单装置能耗平均降低1/10，同时还能大大减少温室效应气体的排放量，在经授权许可的情况下其他公司也可使用该套系统。它是唯一一个从商业角度出发的能量管理体系，代表了目前的能耗已经达到理论最佳值，也展现了一种勇于发挥全部潜力的决心。

4　绿色物流

2015 年第二季度，公司推出了物流网优化模型项目，策划设置了一套对人类、对环境以及对盈利更有利的配送模式。包括尝试轴幅式物流模型、整合销售订单以实现循环送货、最大化运输工具的装载率或最大化订单装载量。新的物流模型的概念应用了更多样化的运输方式（如船和驳船）和路线（沿水道和沿海）。与卡车运输相比，这些运输方式的温室效应气体排放量更低。而且，运输途中的事故发生率和货物泄漏率也大大降低。交货期也相应缩短，科思创客户可比以前更快收到货物。中国供应链中心成功地推出这份完善的绿色配送物流系统，新模型得到了比预期更多的好处：工作相关事故率减少 6.3%，温室效应气体排放量减少 19.5%，物流成本降低 4.4%，客户满意度也得到了提升。

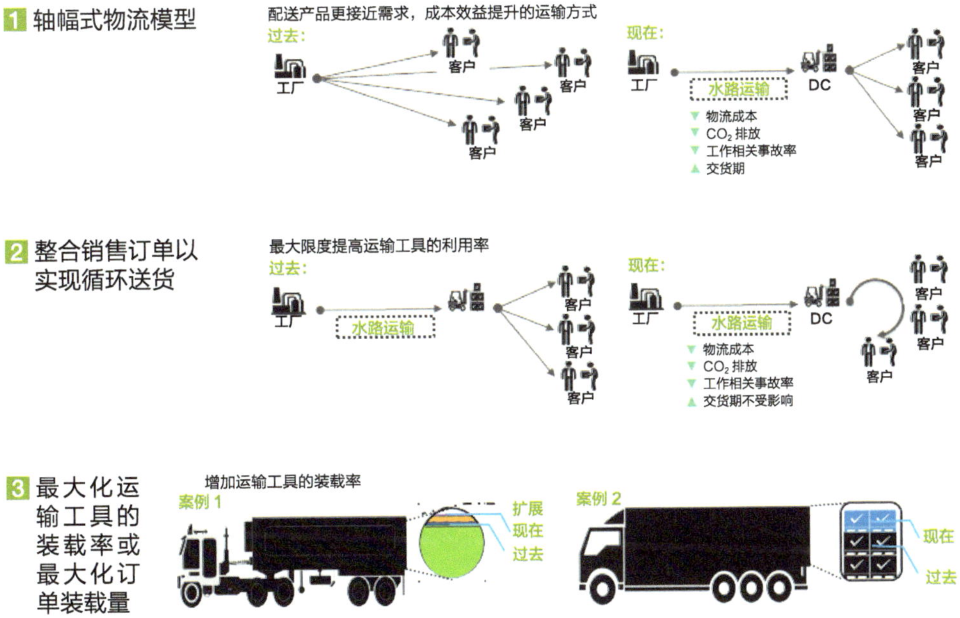

图 21　科思创的绿色物流

5 资源回收利用——科思创盐水回收项目

科思创于2016年上半年投入使用与上海氯碱公司共同完成对含盐废水的回收利用项目。不仅可减少科思创含盐废水排放及其对杭州湾盐分影响，也进一步体现了上海化工区内盐水的综合利用，形成了循环经济产业链，即“科思创公司碳酸二苯酯（DPC）含盐酸废水→符合要求的盐水产品→天原华胜电解→电解产品液氯和烧碱返回科思创和其他用户”，实现了废水向产品的转化，提升了园区综合利用和清洁生产水平。项目投产后，可实现“原聚碳酸酯（PC）扩建项目”环评中提出的无机废水减排任务，并生产10%～25%副产盐水产品，体现出环境保护和经济效益的统一。

案例二 巴斯夫的绿色供应链管理[1]

1 巴斯夫的“1+3”企业社会责任项目

巴斯夫股份公司，是一家德国的化工企业，也是世界最大的化工厂之一。作为全球领先的化工公司，巴斯夫认为，在企业社会责任方面，企业不能只满足于独善其身，而是应当带动整个行业和供应链上的合作伙伴一起努力。巴斯夫始终致力于通过促进供应链上企业相互间的学习与合作，积极推动供应链上企业社会责任的落实，从而打造一条贯穿供应链的责任价值链。

巴斯夫于2006年在中国可持续发展工商理事会（CBCSD）的平台上首倡并发起了“1+3”企业社会责任项目，巴斯夫旨在：

- 发动合作伙伴成为蜜蜂型企业——向各自供应链上的三类合作伙伴传播“1+3”理念；
- 通过将可持续发展融入核心业务运营的创新方式，提升企业的竞争力加强与客户的关系，支持与促进业务的开展，以创新的商业模式帮助客户更成功；
- 形成一个供应链合作伙伴共同发展、共同成长的机制，建立稳定、

1 资料来源：曹凌，巴斯夫（中国）有限公司，利益相关者关系经理。

长期和可持续发展的供应链。

根据“1+3”项目模式，每个公司带动其供应链中三大业务合作伙伴，以“1 家 CBCSD 会员企业（如巴斯夫）+3 个其供应链上的合作企业（供应商 + 客户 + 物流服务供应商）”的理想模式，向他们传授企业社会责任的最佳实践与量身定制的解决方案，从而推动可持续发展。交流借鉴的形式非常多元化，包括问卷调查、研讨会和专家团队实地考察等。之后，这些合作伙伴再向自己供应链上的另外三类合作伙伴继续传播这一理念，从而产生“雪球效应”。

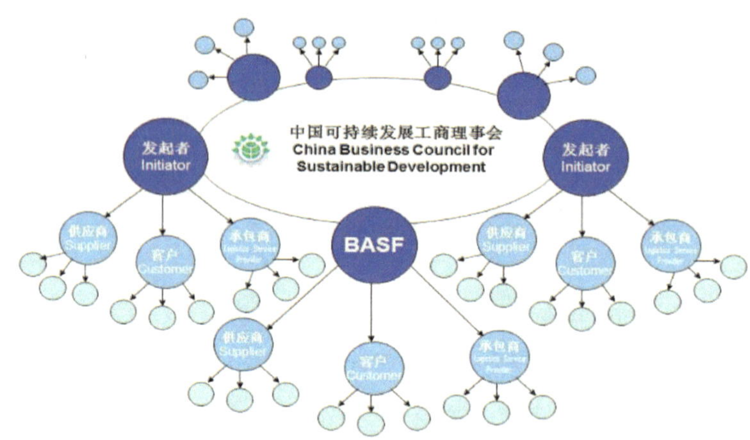

图 22 雪球效应

在 2012 年举办的第三轮“1+3”企业社会责任项目启动论坛上，巴斯夫邀请相关领域专家、来自环保非政府组织和多家社会媒体代表共同参与，构建了一个多方利益相关者透明沟通的平台。在 2013 年 12 月举办的“第五届巴斯夫利益相关者对话暨第三轮‘1+3’企业社会责任项目总结论坛”

中，巴斯夫邀请“1+3”项目合作伙伴作为巴斯夫的重要利益相关方之一，参与巴斯夫年度利益相关方对话，与来自媒体、政府、行业协会、环保非政府组织的各位意见领袖和行业专家，对巴斯夫在中国的战略、经营活动和可持续发展战略提供意见和反馈。

自2006年以来，巴斯夫总共带动了3轮共有27家合作伙伴参与了巴斯夫“1+3”企业社会责任项目，并获得了可喜的成果。大部分的项目合作伙伴因参与“1+3”项目，在环境、健康与安全（EHS）绩效方面得到了全面的提升，特别是在环境保护、运输安全和应急响应等领域取得了长足的进步。例如，在第三轮项目合作伙伴中，烟台泰和已投资超过300万元改善废气处理装置以减少大气排放；此外，烟台泰和预计投资600万元在燃煤锅炉上安装布袋除尘器，以进一步减少烟尘排放量。受益的企业还有联化科技、浙江光华、嘉宝莉等。

除此之外，有的项目合作伙伴已经开始履行其蜜蜂型企业的承诺，在各自领域及供应链复制和传播“责任关怀”及企业社会责任的理念和实践；有的项目合作伙伴已经开始发布企业社会责任报告；另有15家项目合作伙伴因其不断加强企业社会责任管理和实践的努力陆续获得了“金蜜蜂企业社会责任·中国榜”的认可或入围。

迄今为止，“1+3”企业社会责任项目已在国内140余家企业中传播。其项目模式也得到了国内商学院的关注和认可，并作为推动可持续供应链管理的最佳企业社会责任案例两次在由全国工商管理学硕士（MBA）教育指导委员会和北京大学光华管理学院联合主办的“全国商学院企业社会责任教学研讨会”上进行传播和分享。

2007年和2009年，巴斯夫“1+3”企业社会责任项目两度被联合国全球契约组织列为最佳实践案例与世界各地企业分享。与此同时，该项目还被列入了国际化工协会联合会的《能力建设手册》并在行业内推广。在

2012年联合国环境规划署的国际化学品管理战略步骤大会上，巴斯夫“1+3”企业社会责任项目被评为化学品管理的最佳实践之一。与此同时，“1+3”的项目模式也通过韩国可持续发展委员会（KBCSD）传播到韩国，并得到了韩国相关政府和工商界的高度认可。

2 巴斯夫的供应商可持续发展培训

供应商是巴斯夫价值链中非常重要的组成部分。巴斯夫旨在携手其供应商，共同创造价值、降低生产风险。巴斯夫的供应链管理始终坚持以可持续发展为导向，公司的主要目标是不断提升供应商的可持续发展意识，并以透明的沟通方式帮助他们达到巴斯夫的标准和期望，携手为化工行业的可持续发展做出贡献。

在中国，如何建立可持续发展的供应链也是目前化工行业所面临的最严峻的挑战之一，而随着公众对环境保护和社会责任意识的不断提高，形成了在本土化工供应链上推动可持续发展理念的有利环境。

为了帮助中国化工行业的供应商不断加强其企业社会责任和可持续发展意识，并不断提升其环境、社会和治理（ESG）绩效，巴斯夫于2014年6月与华东理工大学签署谅解备忘录，联合开发巴斯夫中国供应商可持续发展培训课程。

巴斯夫中国供应商可持续发展培训课程将来自于商学院的理论知识和巴斯夫的行业实践经验进行有机地整合，为中国化工行业供应商提供了及早识别、管理和降低风险的实践工具及能力建设支持。课程内容主要涵盖了环境保护、健康与安全、劳工与人权以及治理和管理等方面的内容。通过培训，供应商们将获得实用的工具、经验和知识以帮助其达到行业标准和巴斯夫的期望。此外，项目也有助于他们提高企业社会责任意识和可持续发展绩效，增强他们在国内和国际市场的竞争力。

课程于2014年9月18日正式启动，来自40多家巴斯夫供应商的近100名代表，包括企业高管和环境、健康与安全经理参加了首场培训。在课程结束后，所有巴斯夫供应商都签署了“巴斯夫供应商可持续发展宣言”，承诺不断提高其环境、社会、治理绩效。

巴斯夫计划在未来5年内为近2 000家中国供应商提供系统化培训，最终覆盖巴斯夫在中国所有的采购合作伙伴。

案例三　卡博特化工公司的绿色生产与物流[1]

1　原料油脱水项目

上海卡博特化工有限公司是由总部位于美国波士顿的卡博特公司与上海华谊能源化工有限公司（原上海焦化有限公司）于1988年合资成立，是当时国内首家优质新工艺炭黑生产企业。经过20多年的发展，公司目前拥有3条炭黑生产线和一个能源利用和环保中心，年产优质炭黑17万吨、中压蒸汽60万吨。

在中国，以煤焦油为代表的煤化工副产物是炭黑生产的最主要原料。以上海卡博特为例，原料油的需求占生产原料总量的80%左右，原料油的重要程度不言而喻。首先，相对作为锅炉燃料的用途而言，作为燃料烧掉的煤焦油能耗高、污染大，而炭黑生产则是对煤焦油这一煤化工副产物的高效环保利用的最佳途径，堪称变“废”为宝；其次，“吃的是草，挤出的是奶”：相对于作为低价值的燃料使用，利用煤焦油等煤化工副产物生产炭黑这一种具有高性能高附加值的材料，无疑是更为有效地利用。在此

1　资料来源：钱雪兰，《卡博特荣获上海绿色供应链“创新设计奖”》《卡博特绿色供应链体系建设获奖》；杨盛平，《卡博特获2016“绿色发展·共享未来”优秀案例奖》；《中国纺织服装行业企业绿色供应链管理案例研究》。

基础之上，卡博特不断发掘煤焦油等煤化工副产物的利用空间，将低附加值的沥青创造性地应用于炭黑生产，进一步提高了能源利用的价值。

原料油中的煤焦油和蒽油有 1% ～ 4% 不等的含水率。上海卡博特发掘了其中的节能空间，投资 2 000 万元人民币，兴建了一套原料油脱水装置。该装置是利用烟气余热作为脱水单元热源，脱除了原料油的水分，且提高了原料油进入反应炉的温度，节省了后续能源的消耗。原料油脱水项目每年可节约天然气 360 万立方米。

2 卡博特罐式炭黑运输车

根据炭黑的产品特点，通常会采用聚丙烯材料以及覆膜纸袋的包装形式（覆膜纸袋通常应用于用量较少的炭黑品种）进行包装。早在 20 世纪 90 年代，上海卡博特在中国首创了罐式炭黑运输半挂车的包装运输方式，实现了炭黑包装、运输与客户收货的一体化。

简单地说，罐式炭黑运输就是直接将炭黑装载在罐式运输车的车厢里，在客户接收炭黑时，利用车厢与地面的适当角度产生的自由落体辅以客户接收装置的负压直接将炭黑输送到客户炭黑储罐里的一个过程。

罐式炭黑运输的优点主要有：

- 有效地节约包装材料。由于炭黑品种的密度不同，卡博特罐式炭黑运输半挂车的平均载重量在 18 吨左右，以上海卡博特 2014 年的运输量为例，每年可节约中型散装容器（Intermediate Bulk Container，IBC）包装袋 28 149 个（以 1 吨装的包装袋为例），相当于节约聚丙烯材料 140 吨。

- 避免炭黑在中间运输环节可能存在的泄漏风险。无论是聚丙烯材料还是覆膜纸袋材料，在运输过程中都存在破包导致炭黑泄漏的风险，罐式炭黑运输车的横空出世彻底杜绝此种隐患。

- 避免炭黑在后续使用过程中的粉尘的产生。罐式炭黑运输半挂车在卸货时，与客户的接收设备在完全密封的条件下进行“无缝对接”，减少了在炭黑使用环节的炭黑粉尘的产生。

● 减少中间运输环节，提高运输效率。袋式包装炭黑从包装出来到客户的仓库，往往要经历很多个中间移动或运输环节，罐式槽车运输实现了由炭黑包装到客户仓库的一站式服务，避免了中间环节的产生，提高了运输的效率。

截至目前，上海卡博特共有罐式炭黑运输半挂车 9 部，可以辐射长三角地区有接收装置的炭黑用户，年发货能力在 3 万吨左右。

纺织行业绿色供应链管理

纺织行业已成为中国的重要工业部门，不论是其行业生产值、出口值的增长，还是在全球范围内的产量排名及占比，已成为我国经济发展的支柱型产业。虽然近几年行业增速有放缓的迹象，但其仍是我国工业版图中的重要一块。但同工业增长同时带来的，却是日益严重的环境污染问题。2014 年，纺织行业排放的废水总量为 19.6 亿吨，居全国各工业部门废水排放总量的第三位，占 41 个主要工业行业废水排放总量的 10.5%，废水中的化学需氧量和氨氮排放总量均位于 41 个行业的前 5 位。

在经历了多年在环境污染、可持续发展上的争议和指责后，一些国际知名服装品牌也开始进行“绿色转型”。如 H&M 的母公司 Hennes & Mauritz AB 便表示希望在 2020 年能够实现全线有机棉的使用。2015 年，该公司有机棉使用率为 31.4%，2014 年为 21.2%。

案例一 广东溢达纺织绿色供应链管理实践[1]

广东溢达纺织集团有限公司（以下简称“溢达”）成立于1978年，是全球化纺织及服装制造商，集团分布于中国、马来西亚、越南、毛里求斯和斯里兰卡，强大的生产能力与销售网络为全球主流市场提供服务。《2014年绿色全球供应链》报告对147个国际品牌的供应商环境管理进行评估并排名，溢达名列第3，是前10名中唯一的纺织服装制造商。

随着环保政策趋严以及绿色消费的驱动，从2005年开始，溢达投资1.5亿美元用于水资源和能源消耗管理，从而率先开发出业界领先的管理流程和基础设施解决方案。溢达近10年的发展数据（2005—2015年）显示，溢达共降低了44%的能源消耗和60%的水使用量，同时经济效益逐年提高，实现了财务与环境效益双赢。

溢达在提升财务与环境效益双赢中，所采取的重要措施是充分运用自身在供应链上的影响力，与供应商建立基于长期共享价值的伙伴关系，将环境风险融入企业风险管理制度中，优化企业绿色供应链管理效益的同时，降低企业环境风险，满足了企业对产品质量、市场快速反应等需求。

溢达绿色供应链管理的特点主要有以下4点：一是高度整合的供应链

1 中国纺织工业联合会，《中国纺织服装行业企业绿色供应链管理案例研究》。

模式使得溢达可以发挥出很强的影响力。二是在环保运动倒逼的形势下，出于对品牌声誉风险的考量，溢达有较强的意愿与供应商建立伙伴关系，推动供应商开展负责任的环境行为。例如，溢达和一家重要供应商合作，开发一项用于棉纱染色的无水染色工艺。三是溢达制定了绿色供应链管理政策，开发了先进的供应链管理信息系统，配套相应的资金与技术手段，充实与丰富了绿色供应链管理实践。四是溢达持有供应商股份或者占据供应商业务相当比例，保障了溢达能够推动供应商配合自身的环境政策。

案例二 浙江红绿蓝——中小企业绿色供应链管理实践[1]

浙江红绿蓝纺织印染有限公司（以下简称“红绿蓝”）创建于2005年，具备7 000万米针（机）织品漂炼、染色、后整理以及数码印花等各类纺织品的加工产能，是一家集研发、生产、加工和销售高档面料于一体的科技环保型印染企业。

红绿蓝在绿色发展中有两项重要实践：一是采用绿色环保技术。红绿蓝在环境保护和节能减排上已先后投入3 000万元，年环保投入占固定投资的15%，进行了中水回用，余热回收，碱减量水的对苯二甲酸回收。二是降低污染产出。2011年5月10日，红绿蓝投资200多万元引进的首台天然气定型机正式通气并投入生产，标志着公司实现了定型机“煤改气”改造的目标，减少二氧化硫的排放、降低空气污染方面进行了有益的探索。2014年度公司累计处理污水1 273 706吨，污水处理纳管排放1 050 522吨，达标排放率100%。2014年，红绿蓝申请国家科技支撑计划，积极投入天然气燃烧加热定型机研发及示范及印染绿色生产新工艺开发，并获得了科技部的资金奖励。

红绿蓝的供应链管理集中在产品质量和产品交货期方面。红绿蓝相关

1 中国纺织工业联合会，《中国纺织服装行业企业绿色供应链管理案例研究》。

公司人员表示，在选择供应商时，公司对供应商的资质、质量保证能力，供货能力、生产过程控制能力等方面进行严格审核，并对其供货质量、交货期、技术支持、售后服务等方面的信息进行收集、跟踪评价。供应链管理文件上主要有《供应人员规章制度》《检验规范》《染化料评定规范》等文件，对原材料和染化料进行检验。

电商行业绿色供应链管理

近年来，电子商务以迅猛的发展趋势向社会生活各领域广泛渗透，逐渐改变着人们的生活、生产方式和购物习惯。电子商务也进一步推动了劳动生产率与商品流通效率的提高、降低产品流通成本。面对电商行业过度包装等问题带来的环境污染，京东、阿里巴巴等电商企业，充分发挥优势，通过大力推进电子发票、新能源货车、包装材料创新等一系列环保措施，助力节能减排，为城市的环境贡献绿色力量。

案例一　菜鸟网络绿动计划[1]

中国电商消费快速成长，2016年规模已达世界第一，其快速发展的原因与结果就是快递业的爆发式增长。同时，快递业巨大资源环境影响也越来越受到关注。2016年，全国共有238亿个快递包裹，使用110亿个塑料袋、37亿个编织袋、138亿个纸箱、23.8亿平方米胶带。资源环境制约除成为不断上升的劳动力成本外，也是对中国快递业传统发展模式提出挑战的一个重要影响因素。因此通过电商物流行业的绿色化，从源头减少环境污染，变得十分必要。

在上述背景下，2016年6月13日，在环境保护部中国－东盟环境保护合作中心的支持和合作下，阿里巴巴菜鸟网络（以下简称“菜鸟网络”）联合全球32家物流合作伙伴启动了电商物流绿色化项目——“绿动计划”。该行动作为中国物流行业首个自愿环境行动，旨在把绿色采购、产品生命周期管理和生产者责任延伸理念融入快递企业供应链管理体系，通过识别产品 / 服务及其生命周期各个阶段的绿色属性，对快递企业采购、包装、转运、运输、配送、回收、废物管理等各环节内的绿色属性进行有效管理，减少产品 / 服务过程的资源消耗、环境污染和对人体的健康危害，促进资源的回收和循环利用，实现快递行业绿色发展。

1　资料来源：菜鸟网络官方网站，https://www.cainiao.com/。

图 23 绿色物流指标体系专家咨询会

为此，通过制定电商物流绿色供应链指标体系，指导快递企业在采购、包装、转运、运输、配送、回收等各环节开展环境管理。目前，电商物流绿色供应链指标体系由管理类、行动类、绩效类三大指标组成，如表 2 所示。管理类指标主要考量企业的绿色供应链管理战略与环境信息披露；行动类指标对企业的绿色供应商管理实施、绿色包装、绿色运转中心、绿色运输、绿色配送及绿色回收部分进行评估；绩效类指标则是针对包裹物的运输成本、能源消耗及污染排放等方面做出评价。指标体系在全面衡量企业绿色供应链各环节指标的同时充分考虑各项指标重要性，进行综合评价，结合上游一级产品 / 服务的供应商评价结果，得出企业绿色供应链指标。

表 2 电商物流行业指标体系

1. 管理类指标

一级指标	二级指标
绿色供应链管理战略	将绿色供应链管理纳入企业发展规划： 有明确的绿色供应链管理中长期发展规划 有明确的行动路线及实施方案
	设置专门机构和管理岗位
	定期对员工进行环境保护相关知识培训
	设立绿色标兵、绿色创新等激励奖励机制
	对加盟商提供实施绿色供应链管理引导
企业环境信息披露	开展企业环境信息披露[1]： 披露企业环境信息 披露企业节能减碳信息 披露上游供应商环保合规及节能减排信息 披露低环境风险供应商占比 发布企业社会责任报告及含有绿色环保相关内容

2. 行动类指标

一级指标	二级指标
实施绿色供应商管理	绿色采购标准制度完善[2]
	供应商认证体系完善
	对供应商定期审核
	供应商绩效评估制度健全并含有绿色评估内容
	低风险供应商[3]占比
绿色包装	全生物降解包装袋采购计划及实际使用
	环保填充材料的采购计划及使用
	免胶带纸箱、纸质或全生物降解胶带的采购计划及实际使用
	包装上是否采用环保印刷

1　具体包括有毒有害物质使用、能源资源利用效率、污染物排放、碳排放减少量、产品回收利用率等信息。

2　建立供应商绩效评估标准，对供应商进行分级评价和管理。

3　符合国家和地方有关环境法律和法规，近5年无重大安全、环保、质量事故。

一级指标	二级指标
绿色转运中心	转运中心能耗
	设计并使用绿色节能或发电技术（如光伏发电等措施）
	采用节能制冷设备（如节能型冷库、智能冷链系统）
	设计并采用智能分拣系统
	设计并采用绿色环保货架系统（如环保节能存储设备等）
	购买并使用新能源叉车
	鼓励使用循环编织袋
	循环编织袋的材料及平均使用寿命
	鼓励使用环保型中转箱
	环保型中转箱的材料及平均使用寿命
	转运中心分拣设备使用折旧年限
绿色运输	使用云技术、大数据、信息管理系统等手段提高路由效率
	定期对驾驶员进行培训，规范行为规范，引导绿色驾驶
	设置绿色行驶奖励等制度
	运输车辆中，高排放标准车辆占有率
	新能源车辆占用率
绿色配送	电子面单使用率
	三段码使用率
	电动两轮车及三轮车使用量
绿色回收	建立纸箱回收体系或设立纸箱回收项目
	纸箱回收率
3. 绩效类指标	
单个包裹平均运转时间	
单个包裹物质消耗量（物质总采购量 / 包裹数）	
一次物流服务能源消耗总量（能源消耗总量 / 包裹数）	
一次物流服务温室效应气体排放量	
一次物流服务特征污染物排放量	
一次物流服务废弃物产生量	
对绿色快递投入成本占营业收入的比例	

快递企业在电商物流绿色供应链指标体系评价过程中，可以了解行业的整体绿色化水平，有效识别企业自身在绿色发展方面存在的问题。通过与同行业其他企业的比较，明确企业行业定位，找到进一步提升的空间。同时，快递企业可依据该指标对上游产品 / 服务供应商的评估依据，优先采购得分较高供应商的产品 / 服务，推动问题供应商做出整改，并由直接供应商向更上游的供应商逐级传递，促进快递企业绿色采购。

消费者可通过该指标体系了解各企业绿色化水平，了解其环境合规、遵法贯标、能源使用效率等方面水平，为绿色消费决策提供判断依据。

2017 年 3 月 17 日，菜鸟网络、阿里巴巴公益基金会、中华环境保护基金会发起，圆通、中通、申通、韵达、百世、天天 6 家快递公司共同出资，成立国内首个物流环保公益基金——菜鸟绿色联盟公益基金。该基金将专注于解决日趋严重的物流业污染现状，推动快递包装创新改良，促进快递车辆使用清洁能源，引导运用大数据技术减少资源浪费，更好地保护生态环境。

案例二 京东——绿色电商环境战略[1]

2014年4月22日，京东发布了电商行业首份绿色电商环境战略宣言。宣言包含设立可持续发展目标、主动披露环境信息、建设高效低碳的物流运输系统等8项内容，承诺并号召广大电商一起履行企业的环保责任，通过积极的方法调动企业资源，实现商业和环境的双赢。

2016年3月，京东上线自主研发了电子签收系统，消费者在取快递时只需在POS机上签名即可，此举将节约上千吨物流小票和POS小票所消耗的物料。2016年9月，京东推出“绿色物流”新举措——“纸箱回收，绿色环保”计划，自9月20日起，在京东购物的用户收到交付的商品后，如有闲置纸箱可交给京东配送员进行回收再利用。这项计划将首先在北京、上海、广州3个城市试行，今后也将在全国范围内陆续开放，京东将用实际行动履行公益责任。2017年以来，京东在专利防撕袋的基础上再次升级，推出了全降解包装袋。该包装袋可以在堆肥条件下3个月内分解为二氧化碳和水，对环境无污染。除材料外，京东全降解包装袋在细节方面也注重绿色环保，如包装带上印刷使用的油墨是环保水性油墨，相较以前使用的油性油墨，无刺激性气味，更加环保。目前，京东全降解包装袋已在生鲜

1 资料来源：http://tech.huanqiu.com/Enterprise/2014-04/4976980.html。

品类开始批量试用，并将陆续在京东其他品类投入使用。伴随着京东全降解包装袋的投入使用，意味着每年近百亿个快递塑料袋或将逐步被淘汰。

未来，京东将通过技术驱动和持续创新不断引领行业发展，提升用户体验，通过运用京东智慧物流、大数据及云计算技术、优化的仓储配送系统、绿色供应链、新能源车辆以及包装环保材料循环利用等科技手段，不断完善低碳产业链的健康发展，促进电子商务行业蓬勃有序发展。

案例三 1号店“1号环保”项目[1]

在上海绿色链动计划的带动下，上海本地电商龙头“1号店”，协助推进该公司的“1号环保”项目。该项目涵盖快递包装纸箱回收、快递包装胶带纸盒减量化、货品仓储运输优化等内容，利用自身供应销售网络传递绿色环保理念，为电商行业树立绿色供应链管理样板。从2013年起，“一号店”率先启动快递包装纸箱回收项目，鼓励用户签收1号店自营订单包裹后，将空纸箱交给1号店配送人员，每回收一个纸箱，可获赠1号店积分，积分可用于换购商品、参与抽奖、换抵扣券等。当前，该项目覆盖1号店在北京、上海、天津、广州和深圳等近20个城市的自配送区。截至2015年年底回收了500余万只纸箱，减少纸张使用1 500吨，同时也推动越来越多的顾客知晓并支持该项目，使资源回收利用的理念深入人心。

1 2016绿色供应链上海高峰论坛。

房地产行业绿色供应链管理

2016年的世界环境日（6月5日），由阿拉善SEE生态协会、中国城市房地产开发商策略联盟、全联房地产商会、万科企业股份有限公司、朗诗绿色地产共同发起“中国房地产行业绿色供应链行动”。超过70家建筑行业企业成为首批参与者，承诺管理自身供应链，坚持绿色采购，从原材料开采源头、生产过程、终端消费等多个角度入手，绿化整个供应链条，提高环境效益和资源利用效率，为社会发展、环境保护承担起自己的责任。

此外，还通过发布《中国房地产行业绿色供应链采购标准白皮书》，规范房地产行业企业行为，并为后续的中国房地产行业绿色供应链行动提供指导依据。《中国房地产行业绿色供应链采购标准白皮书》包括中国房地产行业绿色供应链共同行动宣言、中国房地产行业绿色采购指南及中国房地产行业绿色采购行动方案四方面内容。

专栏10 《中国房地产行业绿色供应链共同行动宣言》

我们承诺：

1.自愿加入“中国房地产行业绿色供应链行动”，并在“首批绿色采购方案”中至少实施一个方案，积极推动上游供应商对照执行，定期检索供应商环境表现并推动其改进。

2.共同选择符合绿色采购标准的供应商、在条件成熟时发布绿色供应商榜单；对于不符合绿色标准的企业，联署发布整改要求，并制订逐步淘汰计划。

3.定期对外公告绿色供应链行动进展情况，并对公告内容真实性负责。

4.积极参与中国房地产行业绿色供应链方案的探讨与实施，不断扩大绿色采购的范围，并持续推出新的绿色采购方案。

5. 与政府部门、非政府、非盈利机构紧密合作，积极推动国家政策支持，推动社会关注，实现社会效益与企业效益的平衡。

《中国房地产行业绿色采购指南》（以下简称《指南》）根据《环境保护法》及商务部、环境保护部、工业和信息化部发布的《企业绿色采购指南（试行）》等有关规定，结合房地产企业的经营特征，形成可执行的绿色采购标准，旨在撬动上游供应商减少排污，提高生产工艺水平，降低对环境的负面影响，提高资源效率，实现产业链的绿色升级。

《指南》重点针对房地产行业中对环境、社会以及人体健康影响大的产品，分别制定了绿色采购方案、实施细则，引导房地产企业采购通过环境标志产品认证、节能产品认证或者国家认可的其他认证的节能环保产品；在开发过程中使用更环保的、污染物排放优于相应排放标准的原材料，采用清洁生产工艺，提升资源能源利用效率。

目前，《指南》覆盖了生产过程中产生大量工业排放的产品（如钢材、水泥、玻璃、铝、合金等）、原材料过度开采导致资源匮乏的产品（如木材、水资源等），以及产品在使用过程中对终端消费者造成人身健康危害的品类（如地板、墙纸、胶黏剂等）。

此外，《中国房地产行业绿色供应链采购标准白皮书》还针对重污染排放控制、铝合金无铬钝化、木材来源合法化、室内装饰人造板及其制品甲醛控制等 4 个问题分别制定了绿色采购行动方案。

其他行业绿色供应链管理

其他行业绿色供应链管理部分资料来源于上海市环境保护局、美国环保协会，《上海绿色供应链2016年度优秀案例》。

案例一 上海迪士尼乐园项目的绿色供应链管理

1 绿色交通体系设计

上海迪士尼乐园项目为现场施工管理团队提供近300辆自行车，减少机动车碳排放量。这些自行车也在运营期间继续被沿用。在星愿湖上使用的水上船在选型上，要求服务供应商提供混合动力的静音发动机，大大降低了柴油燃料燃烧产生的污染物对环境的污染，排放能达到美国环保局非道路车辆用柴油机排放标准第4阶段（EPA Tier 4）标准。同时，在上海迪士尼度假区范围内为游客及工作人员提供40辆混合动力巴士，在后勤区为园内员工交通和物料及设备运输提供近80辆电动高尔夫车，为员工宿舍往返度假区的通勤提供23辆纯电动/混动巴士。上海迪士尼度假区内的可回收废弃物驳运车辆也是由第三方服务商提供的纯电动高尔夫车。

2 可持续采购项目

上海迪士尼乐园及度假区采购可持续海鲜菜单上的产品，承诺包括四个主要部分，即“SEAS”：负责任地采购可持续海产品；鼓励渔业和养殖场运用一致的可持续海产品标准；评估和监测海鲜选择和采购；与客人、演职人员以及供应商分享可持续的海鲜和产品的信息。在评估新的供应商或设备时，上海迪士尼采购团队与环境事务团队合作进行。环保因素在招标过程和供应商合同管理方面都会考虑。外部单位会因为他们对环境的影响和相关行为受到正面或负面的评分。

在餐具选择上，所有餐厅均提供可重复使用的餐具代替一次性餐具。在需要使用一次性餐具的情况下，选择可生物降解的材质。商店为顾客提供多种材质的购物袋，包括免费的纸袋、付费的塑料袋和无纺布袋。其中，塑料袋中含有30%可回收材料，无纺布袋价格10%的部分将捐入迪士尼自然保护基金以支持动物及栖息地的地方保护，迪士尼自然保护基金致力于引导世界各地的孩子们保护自然。在乐园游客区、后勤区均设置可回收垃圾桶。酒店每个房间也设置了可回收垃圾桶。收集酒店未使用的香皂，交给慈善机构重新生产后用于慈善目的。

3 绿色生产——节能体系建设项目

3.1 热电冷联产分布式能源站

通过分布式能源站项目将以最高能效和最环保的方式为上海迪士尼度假区日常运营所需的空间制热、制冷提供热水和冷冻水、生活热水和所有压缩空气。传统发电能源利用率仅40%左右，而上海国际旅游度假区的四联供分布式能源中心能源利用率提高了整整一倍，达到80%以上。能源中心的另一个节能之举是采用能源梯度使用模式，将原先会被当作废物排出的热气、热水二次利用发电产生的余热等能量，转化为冷、热、压缩空气等能量。该能源中心预计每年可节约标准煤2万吨，减少温室效应气体排放约7.5万吨。

3.2 Earth环境活动和报告跟踪系统

华特迪士尼公司开发的环境活动和报告跟踪系统用于输入、计算和报告温室气体排放、废弃物和水的跟踪数据，可以跟踪一些不同的数据报告，使用上传的绿色标准信息数据来跟踪整个华特迪士尼公司的商务旅行温室效应气体排放量，纸和瓶子的使用量。

3.3 能源管理系统

该类电子设备可自动管理各种建筑系统，常用的系统包括制冷、制热、风量分配和照明，目的是自动化操作各种建筑系统，为运营人员提供一个可以连接建筑系统的窗口，来确保节能减排在被持续监控。一个可持续发展的设计通常需要定期考核和不定期维修，以最大限度地发挥节能效果的长效性。

3.4 建筑节能设备的使用案例

团队大楼和中央厨房都采用了导光筒的技术。其中团队大楼整体约 76.19% 的地上主要功能空间采光系数达到相关功能房间最小采光系数的要求。布置导光筒后，整体提高了 30.52% 功能空间的采光照度达到相关功能房间采光照度的要求，有效改善室内自然采光效果。

4 绿色回收——施工期废弃物减量项目

上海迪士尼度假区项目建设中，由于施工作业面广、周期长、作业复杂，同时临时建筑和临时结构众多，因而会使用大量基础建筑材料，如水泥和木材，如果使用一次就丢弃，不仅浪费，还会产生大量的建筑垃圾。因此，根据国家可持续发展的要求和迪士尼环境管理理念，合理回收并再生资源就显得尤为重要和有意义。

4.1　可循环使用的混凝土路面块

现场承包商特别制作了可循环使用的混凝土路面块。在制作过程中，仅需在制模时将路面分隔成小块和每块预留 4 个吊装点，其他不会增加任何费用。此举可减少建筑垃圾、商品混凝土和钢筋使用量，减少碳排放，更可以降低施工成本，共计减少碳排放 64.8 吨。

4.2　木材回用

迪士尼环境部门要求总包遵循物料回收的流程，将较为完整的板或托盘集中收集并交由专业木料制作供应商进行回收并加工再利用。至项目施工结束，回收可重复利用的大型设备的木制包装箱约 50 吨。

4.3　承包商鼓励机制

在上海迪士尼乐园建设项目过程中，一些对环境合规以及材料回用工作比较尽职的承包商，迪士尼环境部门会通过每月的环境月度会议进行表彰，评选出当月的环保之星并通报所在承包商予以鼓励。

案例二 明尼苏达矿物及制造业公司的“3P”[1]计划

明尼苏达矿物及制造业公司（以下简称“3M”）是全球性的多元化科技企业，创建于1902年，素以勇于创新、产品繁多著称于世，生产数以万计的创新产品，在医疗产品、高速公路安全、办公文教产品、光学产品等核心市场占据领导地位。3M自1984年进入中国以来，始终把践行企业社会责任贯穿于业务运营的方方面面，积极致力于成为可持续发展的积极推动者。2014年，3M公司连续第14年入选“道琼斯永续指数”（Dow Jones Sustainability Index, DJSI），该指数体现了目前世界上在可持续性发展上具有杰出表现的领先企业。

3M于1975年首批建立其正式的环保政策，在奉行防止污染既是环境保护也是增强竞争力和带来财务利益的战略宗旨下，于同年实施了世界环保史上著名的3M污染防治投资项目（3P项目），从污染源头——产品和生产过程抓起，重新规划产品，改善生产流程，重新设计生产设备，对废料进行循环利用。由工程师、生产专家、实验室人员组成的3P项目统筹委员会，专门管理3P项目，对符合标准的项目予以审批通过，并奖励那些体现出技术创新的项目。

1 Pollution，Prevention，Pays，简称“3P”。

在中国，3M 任何一个员工都可以通过系统提交 3P 项目，给到 3P 项目管理委员会，委员会会根据 3P 项目评定标准来核准这个项目能否达到 3P 项目的基本标准，即能够至少节约 1 000 美元，并且，能够至少减少 1 000 磅污染物的产生或节约 1 000 磅水消耗量或减少 1 000 千克温室气体的排放。同时，3P 项目只有在至少执行了 2 个月，并产生了减排效益后才能够提交。此外，3M 还专门设立了 3M 污染防治投资奖以褒扬员工和团队在项目中采用创新方式，有效减少废物、防止污染，并带来积极的经济效益。3P 项目管理委员会会根据项目的减排效益给 3P 项目评定获奖级别，并给获奖项目颁发奖状以示鼓励。

2010—2014 年，3M 中国公司共认证 721 个 3P 项目。

- 共减少 VOC 排放 159 617.7 吨；
- 减少用水 54 739.32 吨；
- 减少废料的产生 71 415.86 吨；
- 节约用电 436 208 MMBtu；
- 减少温室气体的排放 328 042.9 吨。

1 3P 项目之六西格玛项目

在 3M 金山工厂生产的一种胶水，会用于 3M 新桥工厂中以制作一种胶带，需求量是每月 60 吨。由于该种胶水的循环时间很长，而金山工厂的机器利用率已达到 85%，迫切需要降低此种胶水在生产中的循环时间，同时为了节约单耗，需要降低溶剂和包装的使用。金山工厂专门组织了一个六西格玛项目，以达到效果。此项目做到了以下几点：

- 重新设计生产工艺，通过改变引发剂的使用量、单体浓度以及反应温度，将胶水的生产循环时间从 49 小时降低到 25 小时，从而每年节约了 129 600 千瓦时的耗电量；

- 通过取消溶解工艺，确定客户使用胶水时的使用浓度，将胶水中的固含量从32.5%提高到40.0%，这样可以每年节约135吨的溶剂使用量，从而减少了VOCs的挥发量；
- 将包装材料从用桶装改变为使用重型包装箱（Tote）包装，Tote可以循环使用。

2 3P项目之太阳能电池封装胶膜（EVA）项目

EVA太阳能膜产品包装材料的改进中，包装工程师通过减少不需要的波纹支撑材料，使用更小和更简单的包装材料，在卷绕工艺中使用更小的纸芯，从而减小包装。通过这些改变，产品的包装每平方米可以减少0.032美元，减少包装材料2.5千克，每年能够减少包装材料15吨。

对于处于严重缺水和水资源紧张地区的工厂，3M还专门制订了节水计划。3M内部建立了环境数据系统（Environmental Target Database，ETD），用来记录3M各个工厂在生产过程中消耗的水和电、产生的VOCs、废料，以及各个工厂提交的3P项目的个数。通过这个ETD系统，可以非常清楚地记录可持续发展目标的完成状况。

案例三 上海贝尔绿色供应链管理项目

1 上海贝尔股份有限公司的供应商审核评估

上海贝尔股份有限公司（以下简称“上海贝尔”）成立于1984年，是国务院国有资产监督管理委员会的直属企业，是中国第一家外商投资股份制公司，拥有强大的本土实力和广泛的全球资源。公司为运营商、企业和行业客户提供端到端的信息通信解决方案和高质量的服务，其产品覆盖有线和无线方案、光接入方案、端到端LTE方案、光网络、IP网络、网络核心及应用、网络管理及服务等诸多领域。上海贝尔拥有贝尔实验室中国研究中心和数个重要的全球研发中心，可全面进入阿尔卡特朗讯全球技术库，开发服务于中国和阿尔卡特朗讯全球客户的独创技术，并且在多项新技术开发中居于主导地位。公司拥有技术先进、制造能力达到世界一流水平的生产制造平台，公司销售服务网络遍及全国和海外50多个国家。今天，上海贝尔已成为集研发、产业化供应链和信息技术服务中心于一体的阿尔卡特朗讯在全球的旗舰。

上海贝尔要求供应商遵守相关国际准则，使供应商在经济、环境和社会方面的表现与自身的要求一致，提升其整体的履责意识与水平。上海贝尔对供应商在产品质量、环保等方面有严格的规范和要求。2013年，公司要求供应商遵循联合国全球契约和通信行业内的通行规范EICC 4.0，并建议供应商建立 ISO 14001、OHSAS 18001、SA 8000 和 QC 080000 等管理体系，以规范自身管理。

上海贝尔制定了《供应商的评估与审核》和《供方质量审核指导书》，通过供应商评估、企业社会责任管理系统评级和现场审核等流程，综合评估供应商的经济、社会和环境绩效，推进供应商履行社会责任。

上海贝尔通过社会责任培训和行业交流活动等方式分享经验，帮助供应商持续提升社会责任管理能力。

作为和供应商接触的第一线，采购人员的环境健康安全（EHS）意识在选择和管理供应商时能起到屏障作用。因此，公司自 2012 年起对采购人员进行环境健康安全（EHS）培训，强化他们的 EHS 意识。

2013 年，公司共评估了 20 家本土企业的社会责任表现，合格率为 60%。同时公司还建立供应商环保违规记录检测程序，对所有中国供应商进行一年一度的环境违规记录排查，并对其中有环境问题投诉或记录的供应商进行后续跟踪。

环境评估的内容主要分为两大部分。过程管理要素包括：能源消耗和温室气体、水、生物多样性、本地污染、材料，以及化学品和消耗品。产品责任属性包括：使用情况、寿命周期、顾客的健康和安全，以及可持续消费。

2 上海贝尔的绿色办公项目

图 24 上海贝尔的绿色办公

上海贝尔重视控制办公环节中的环境影响，持续推行绿色办公。2013年，公司将打印系统全部升级为云打印，在降低打印成本、节约纸张的同时，大大缩短了打印时间。截至目前，与2012年同期相比，打印用纸量节省了11.7%。此外，上海贝尔2014年上线了电子传真，以便更有效地杜绝由于垃圾广告造成的纸张浪费。

3 上海贝尔的碳足迹测量和报告制度

上海贝尔积极承担应对气候变化的责任，承诺到2020年将温室气体排放量减至2008年的50%，这些减排量包括公司运营所产生的直接碳足迹与间接碳足迹。直接碳足迹包括生产制造过程产生的碳排放与范围、员工通勤过程产生的碳排放，间接碳足迹有办公用纸燃烧产生的碳排放。2013年，公司温室效应气体排放量178 582吨，同比下降14.6%。

公司遵循“促进供方环境改善，共同承担社会责任”的环境方针，要求供应商通过ISO 14001环境管理体系认证，并逐年收集和披露合约供应商的碳排放量。

2013年，贝尔公司在温室气体减排方面取得以下进展：

- 平均每天4 070人乘坐班车，全年行驶总里程282.5万千米，相当于减少碳排放约339吨；
- 与2009年相比减少商务出行里程数：800万千米[1]，相当于在商务出行方面减少碳排放960吨[2]。

4 上海贝尔的“爱传递，再生电脑”

2011—2014年，上海贝尔与公益组织及金桥再生资源合作，开展“绿色行动”项目。组织员工将家中衣物捐赠与北京大兴区农民工子弟学校——龙海学校，进行有效循环利用；同时，回收电子废弃物，保护环境。

4年间，上海贝尔还携手公益组织和产业链伙伴，启动“爱传递，再生电脑”公益项目，先后为江西、甘肃、四川、贵州、西藏等地的贫困地区中小学捐建了信息化电脑教室，通过实际行动，在同学们中间播种环保意识，使他们了解资源再利用和环保规范处理的价值。截至2014年上半年，上海贝尔先后捐赠973套电脑、68台显示器及一批配件，成功再生352台电脑，共出资近60万元，为7个省份17所乡村学校和城市农民工子弟学校建立了信息化电脑教室，使9 300多名师生受益，先后有142名员工志愿者参与活动，贡献志愿时间8 400小时。

此外，上海贝尔连续6年与世界自然基金会（WWF）合作，开展“地球1小时”活动，在每年的世界地球日当天，通过关闭上海金桥总部办公区域的照明灯光1小时的方式，来唤起人们对气候变化问题的关注，启发社会各界共同保护地球环境。

---

1 按每次出行2 000千米计算。

2 按排放系数每千米0.12千克计算。

案例四 伊顿的供应商行为准则

伊顿是一家全球领先的动力管理公司，2014 年销售额达 226 亿美元。伊顿致力于提供各种节能高效的解决方案，以帮助客户更有效、更安全、更具可持续性地管理电力、流体动力和机械动力。伊顿的产品是全球客户动力管理中不可或缺的组成部分，广泛应用于建筑、飞机、卡车、汽车、机械以及各种商业设施，应对全球诸多能源与环境挑战。

自 1993 年进入中国以来，伊顿公司通过并购、合资和独资的形式在中国市场持续稳步增长，旗下所有业务集团——电气、宇航、液压和车辆都已在中国制造产品和提供服务，并把亚太区总部设在上海。伊顿中国目前拥有 29 个主要制造基地，超过 18 000 名员工、6 个研发中心。

伊顿依据其《供应商行为准则》，在全球范围内选择那些愿意遵循与伊顿价值观相符的工作环境标准及业务惯例的商业伙伴。2013 年 11 月，伊顿发布新版《供应商行为准则》，对原有条款进行修改和增补，从遵守法律、劳工、健康安全、环境、伦理道德、反腐败、礼品和娱乐政策 7 个方面列出了对供应商及分包商的最低要求。

伊顿通过与供应商的合作，把可持续发展理念传递给供应商，引导他们同样承担起自身的企业社会责任，为社会提供更加绿色节能、优质高效的产品和技术，以更好地满足客户的需求。

《供应商行为准则》环境条款：

在伊顿，对环境的考量是该公司企业经营和世界一流产品生产过程中的重要组成部分。供应商必须遵守所有与环境有关的适用法律和规定。

- 供应商应保留必需的环境许可证及牌照，并遵守其操作上和报告上的要求；
- 供应商应符合有害物质规定及任何适用的有关禁止或限制特定物质使用或处理的法律规定；
- 供应商在生产、维护及设施过程中应通过实施适当的保护措施，努力减少或消除废渣、废水及废气的排放；
- 供应商在管理、控制、处理及（或）丢弃操作过程中产生的非危险性废渣、废水及（或）废气时，应遵守适用的法律规定。

案例五 翠丰的低碳制造计划（LCMP）

翠丰集团是欧洲最大、世界领先的家居建材零售集团，旗下拥有众多著名零售品牌，包括B&Q、Castorama、Brico Depot、Screwfix 等；在全球多个国家拥有超过 1 150 家门店。在全球拥有 79 000 名雇员，每周超过 600 万名顾客光临门店。翠丰拥有 35 000 种产品，采购量达 21 亿欧元。

低碳制造计划（Low Carbon Manufacturing Programme， LCMP）是世界自然基金会香港分会的项目，目的是鼓励珠三角厂商减少碳排放，为应对气候变化做出贡献。低碳制造计划为厂商提供碳审计软件，提供技术指导；另外，亦提供卷标认证系统，只要厂商通过第三方认证并取得一定分数，便可取得对应等级的获认证标签，证明他们为履行环保责任作出的努力。

自 2011 年起，共有 24 家供应商加入低碳制造计划。在 2011 年，24 家供应商共减少温室效应气体排放 11 748 吨。

案例六 麦德龙的供应链绿色化改造

1 麦德龙的冷链改造

麦德龙超市是德国最大、欧洲第二、世界第三的零售批发超市集团，在麦德龙和万客隆（欧洲）品牌旗下拥有多家麦德龙现购自运商场，是德国股票指数 DAX 的成分公司，为世界 500 强之一，分店遍布 32 个国家。

根据麦德龙全球总部的统一部署，麦德龙中国公司在 2014 年启动了商场冷冻系统升级改造计划，旨在 5 年内逐步把目前使用制冷剂 R22 的所有商场冷冻系统进行替换更新。更新后的低温冷冻系统将采用二氧化碳作为制冷剂，中高温冷冻机系统将采用 R134A 作为制冷剂。这两种制冷剂是目前国际公认的对环境气候影响最小的，但在中国业界同行中的采用率极低。出于对环境气候问题的长远考量，麦德龙公司决定率先在中国大陆启动这一改造计划，将投入超过 5 亿元人民币对 80 多家商场冷冻系统进行全面改造，以实际行动树立起商业领域绿色经营的标杆。2017 年预计节能 150 万千瓦时，减排温室效应气体约 1 500 吨。

2 麦德龙的物流效率提升项目

麦德龙以生鲜食品为主的商品结构使得约 56% 的商品目前由供应商直接向分布在中国 56 个城市的 81 家麦德龙商场配送。这种碎片化的配送模式导致了重复运输，也增加了道路资源的负担和温室气体排放量。未来几年麦德龙还将大力拓展中国市场，服务更多地区和客户。德国总部要求在保持中国市场销售快速增长的同时，坚决控制住物流环节碳排量的增速。为此，麦德龙中国公司制定了提升物流集约化程度和减少温室气体排放的3年行动计划，通过增加中央仓库集中配送商品的比例，减少供应商直送门店的车次，来确保完成物流环节的节能减排任务。

近3年，麦德龙中国物流集约化率的年均增幅在9%以上，物流环节碳排量的增长将低于同期销售增幅约30%。2017财年物流集约化率提高至57%，减少温室效应气体约11 300吨。

3 麦德龙的食品银行

根据麦德龙全球总部的要求，麦德龙中国公司与上海市慈善基金会合作，从2013年起率先在上海普陀商场启动了“食品银行”爱心捐赠项目的试点工作，将商场临近保质期的部分食品定期捐赠给上海市慈善基金会指定的敬老院，通过严谨高效的管理流程让受助群体免费享用到可口的美食，同时减少了食品浪费，为社会和谐和资源节约做出了贡献。

麦德龙和上海市慈善基金会合作开展的“食品银行”项目，开创了国内“临保食品捐赠”的先河，为此类物资的捐赠管理工作进行了有益探索。2014年下半年开始麦德龙在上海金山、嘉定、虹口、闵行和普陀5家门店正式推行“食品银行”项目。目前已累计捐赠各类食品价值100多万元，惠及近千位需要帮助的老人，社会反响非常好。2015年，麦德龙开始进一步把“食品银行”捐赠项目扩大到北京、广州的多家商场。

案例七 安靠封装测试（上海）有限公司绿色供应链管理

1 封装工业废水热能再利用

安靠封装测试（上海）有限公司（以下简称“安靠上海”是 2001 年 3 月 8 日由美国 AMKOR TECHNOLOGY INC. 独资设立在上海自由贸易试验区主要从事集成电路封装、测试加工的生产企业，并经海关总署、发改委、信产部及国税总局四部委认定为“第一批国家鼓励的集成电路企业”、海关认定的“AA 资质企业”和“诚信企业”。

在持续不断的生产管理过程中，安靠上海发现生产生成的工业热废水含有大量热能，经过适当改进，可以提取工业热废水中的热能为生产用水升温，有效控制电耗，降低企业的运作成本的同时也减轻上海地区的用电压力。

集成电路生产环节中需要对去离子水或超纯水升温加热，供给助焊机或晶片清洗机，一般的做法是通过电加热器对去离子水或超纯水进行通电加热，达到规定的温度后，再供给助焊机或晶片清洗机使用，使用后的热废水直接排入工业废水处理系统，如图 25 所示。

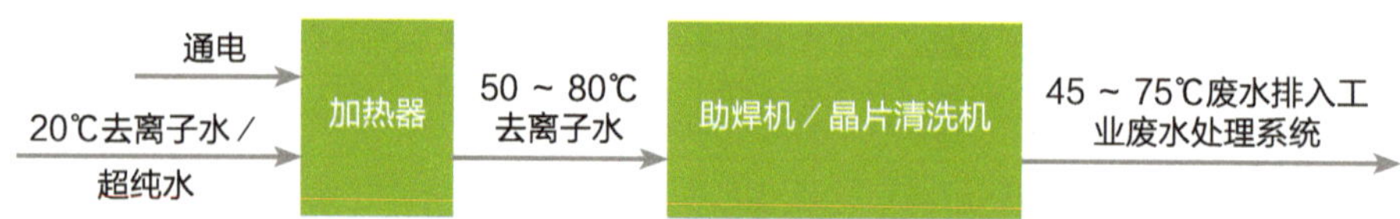

图 25 传统升温加热方式

通常，供应生产线的去离子水或超纯水水温约为 20℃，但助焊机对去离子水的温度要求为 50 ～ 80℃、晶片清洗机对超纯水的温度要求为 60 ～ 80℃，所以去离子水和超纯水需要消耗大量的电力加热来提升温度。使用后 45 ～ 75℃高温废水将排入污水处理系统，热废水的直接排放导致热能的流失。针对这种情况，安靠上海管理层多次组织专业人员进行分析探讨，最终决定采取绿色环保的两种节能改进，对热废水中的热能有效的进行回收利用，以达到节能的最终目的。

1.1 从热废水中提取热量为助焊设备供应热的去离子水

改进后的方式是将 20℃的偏冷的去离子水注入热交换器（甲），同时注入使用后 45 ～ 75℃热工业废水进行热交换升温至 28 ～ 38℃后注入到热交换器（乙），同时向热交换器（乙）内注入沸水，沸水在进行热交换后降温排出，同时已升温至 50 ～ 80℃的去离子水（升温达不到温度标准的将用工业蒸汽补充加热来达到指定温度）注入助焊机中使用，使用后的 45 ～ 75℃的热废水进入热交换器（甲）与偏冷去离子水进行热交换降温至 25 ～ 30℃后排入工业废水处理系统，如图 26 所示。

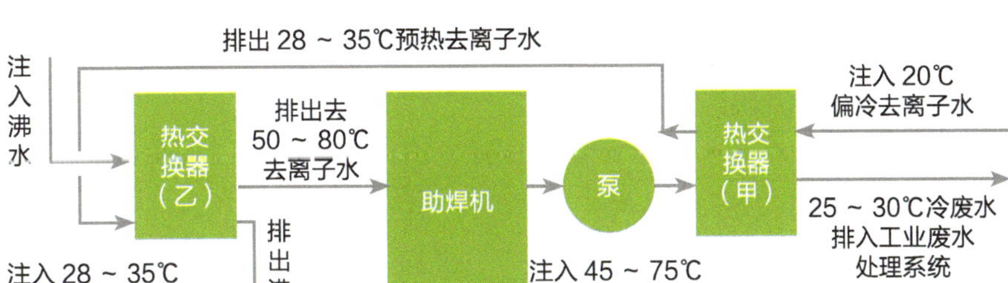

图 26 从热废水中提取热量为助焊设备供应热的去离子水

1.2 从热废水中提取热量为晶片清洗设备供应热的超纯水

改进后的方法是 20℃的超纯水和 50℃的工业废水同时通过预热交换器对超纯水进行热交换升温至 35℃，同时将热交换后 30℃的废水排到工业废水管道。35℃的超纯水和 85℃的热水同时通过热交换器进行热交换升温后，将 60-80℃超纯水供给晶片清洗机使用（升温达不到温度标准的将用工业蒸汽补充加热到指定温度），使用后排出的 50℃的工业废水进入集水槽后由抽水泵抽出再循环用于升温偏冷超纯水，如图 27 所示。

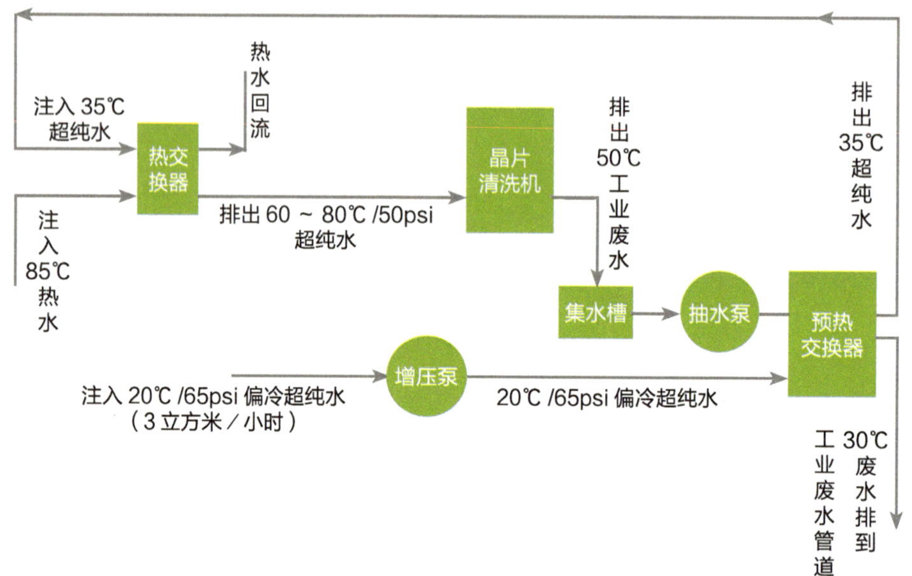

图 27 改进后升温加热方式

通过上述两种方法的节能改进，安靠上海每天可节省 23 528 千瓦时的用电量，比分散的系统具有更低地维护和管理成本，以 PPH 材质的管道和中央管道的布置能更好的预防泄漏的风险，而且使供应中央供热去离子水和超纯水的温度和压力更稳定。

2 封装废环氧塑料回收

安靠公司从 2001 年建厂初期，就非常注重绿色环保，在建厂前对土地的质量都做过检测，保证生产用地的绿色环保，并拥有一支优秀的 EHS（环境健康安全）队伍对日常的运作进行高效监测、监督和管理，作为一个封装测试业的龙头企业之一，良好的环保理念带动了整个行业的环保创新意识。

集成电路封装工艺中有一种不可替代的主要原料——环氧塑封料

（Epoxy Molding Compound），呈黑色圆柱体固态状，需冷藏保存。在加热熔化后用于对集成电路的芯片封装，起到巩固、防止氧化等作用。其主要是由环氧树脂为基体树脂，加工切割后的环氧塑封料成为了工业废料，而类似的废料估计每年将产生近百吨，废料的如何处理已成为集成电路封测行业的关注焦点。

废环氧塑封料是一种多种形状的固体，是种不可降解的低毒（含有生物毒性）性材料，如果用最简单的方法将其填埋，对土壤会有一定的污染。如果对其高温焚烧处理，焚烧温度必须达到 1 400℃以上，否则将会产生有毒的二噁英，污染大气环境。所以处理的方法显得尤为重要。

安靠上海一直抱着安全环保的理念管理工厂的生产和废料的处理，为了合理地处理废环氧塑封料而减少对土壤或大气造成污染，公司多次、多方寻觅一种环保处理方法，并与废料处理公司共同合作。安靠上海将废环氧塑封料以进料边角料复出贸易方式申报出境，接收方将废环氧塑封料进行粉碎至粉末状，然后和水泥粉、砂石粉按比例混合后搅拌均匀，同时清水注入搅拌机混合原料成为混凝土后对其进行加热等加工，成为普通建筑市场能用的板砖块，如图 28 所示。

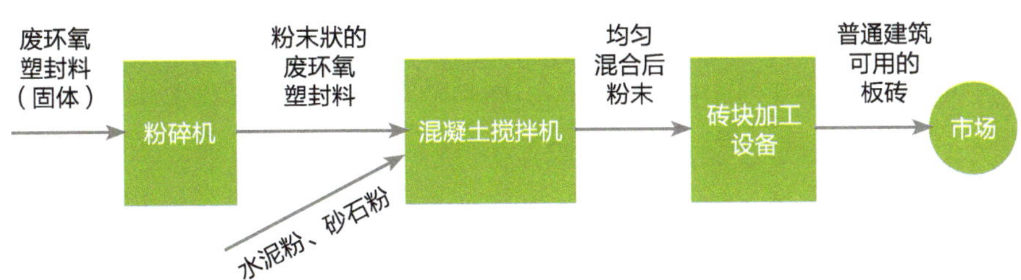

图 28　安靠上海废料处理

案例八 联合利华的绿色项目

1 联合利华的生物质燃炉技术

1929年，英国Lever公司与荷兰Margarine Unie公司签订协议，组建Unilever（联合利华）公司。经过80多年的发展，联合利华公司已经成为了世界上最大的日用消费品公司之一，在全球拥有超过171 000名雇员。2011财政年度，公司全年销售额约465亿欧元。联合利华的400多个品牌的产品畅销全球190多个国家和地区，是全球最大的冰淇淋、茶饮料、人造奶油和调味品生产商之一，也是全球最大的除味剂和大众护肤产品生产商之一。

2008年10月，联合利华启动了生物质（秸秆）燃炉项目可行性研究，着力寻找可行的技术支持。项目由联合利华的S.H.E（安全/健康/环保）部门负责。研发中，如何能使生物质燃炉的运作设计确保稳定的热风以满足生产需要、如何建立全新的物流工作流程以保证秸秆原材料收集的稳定性与高效性等问题，成为技术攻关的难题。研发历时两年多，投入费用近800万元，使用秸秆燃料进行洗衣粉制造的技术日趋成熟。该技术采用稻草、玉米秸秆、花生壳及油菜秸秆等压缩成的生物燃料，通过直接式生物燃料热空气炉将生物燃料接近100%的燃烧，燃尽后的炉渣还可用作建筑材料。并且整套设备无废水排出，所用水作为热空气加热器冷却用水，排出的冷却水可循环使用或者作为洗衣粉配料使用，实现了真正的“零排放”。这是中国日化行业中唯一一组以生物质秸秆作为燃料的燃炉，在全球洗衣粉生产中也是革命性的一步。联合利华人力发展新能源，全球首家洗衣粉生产运用生物质（秸秆）燃料，将节能减排、解决当地环保问题及实现公司业务发展完美融合。

2009 年 11 月 10 日，联合利华合肥生产基地接待了国家发改委等部门的 300 多位访客。他们参观了以秸秆作为燃料的联合利华生物质燃炉，研究大规模开发秸秆资源的政策和规划。不仅是中国，联合利华斯里兰卡以及印度公司也已从中国区取经，准备进口设备和技术应用到该国的洗衣粉生产中，斯里兰卡工厂预计能减少 3 000 多吨碳排放，而印度燃烧的甘蔗秸秆由于含糖量高，热值将能达到更高。

在将生物质（秸秆）燃炉技术成果应用于实际生产经营过程中，联合利华也遇到了与当地农户沟通困难等难题。为此，联合利华及其供应商与当地政府部门密切合作，开展多场主题讨论会，积极听取各方意见，最终联合利华合肥工厂生物质（秸秆）燃炉成功投入使用，成为全球首个安装生物质(秸秆)燃炉并应用于生产的工厂，每年消化生物秸秆 2 万～2.5 万吨。

联合利华生物质（秸秆）燃炉计划，为积存了多年的农业废弃物环保问题提供了解决之道。作为行业领先者，联合利华希望通过生物质（秸秆）燃炉计划可以引领洗衣粉及相关产业开创回收利用生物质能源的新模式，并把这一模式继续发展、推广。

联合利华生物质（秸秆）燃炉项目是中国日化行业中唯一一组以生物质（秸秆）作为燃料的燃炉，在全球洗衣粉生产中也是革命性的一步。联合利华通过创新研发生物质(秸秆)燃炉技术，成功运营合肥工厂生物质(秸秆)燃炉，将秸秆变废为宝，达到了通过项目实现节约能源成本和保护环境的目的，并在业内产生示范效应，提升了联合利华在华声誉和竞争力。

该项目的实施效果与影响主要如下：

- 大大节约成本：以 2008 年洗衣产品生产为基准，生物质燃炉的运作使每吨产品的能耗成本降低了近 50%；
- 减少了对环境的不利影响：联合利华全球可持续行动计划中明确指出到 2020 年将使单位产品对环境产生的不利影响减少一半，关注从原材料采购至消费者使用后的全价值链；
- 就工厂本身而言，生物质燃炉投入使用后，合肥工厂每年温室气体减排高达 1.5 万吨，实现了生产线的零固体废弃物填埋及零污水排放，与此同时，也减缓了季节性生物质秸秆燃烧的污染。此外，燃尽后的炉渣还可用作建筑材料。
- 有利于合肥当地的社区发展，还为农民增加收入，并解决了就业。
- 产生积极的示范效应：生物质（秸秆）燃炉项目旨在发展一种全新的能源供给模式，在一定的成本优势下变废为宝，将产生的能量用于洗衣产品生产线，为工厂提供新型、稳定的原材料。联合利华合肥工厂生物质（秸秆）燃炉项目的成功运行，在业内产生了标杆的示范效应。

2 联合利华的绿色包装

作为世界上最大的日用消费品公司之一，联合利华的很多产品都离不开塑料包装。在日趋严峻的环境问题面前，缩减塑料包装使用量成为联合利华的一大生产难题。作为具有高度责任感的企业，光从生产中减少环境影响还远远不够，而应该将环境保护融入经营实践中，切实履行可持续发展战略，同时利用自身的品牌优势传递环保理念，发动更多人为保护环境做贡献。这对联合利华而言，是当前面临的另一个挑战。

盛装沐浴露的瓶子看似毫不起眼，但在这些塑料瓶子背后隐藏着一个惊人的环保问题——塑料污染。如果能够在生产中缩减沐浴露瓶子的塑料使用量，不仅能够降低采购成本，还会减少产品包装对环境的影响，可谓一举两得。

联合利华将环保和可持续发展融入生产运营中，致力于在实现业务增长的同时，降低从原材料采购、生产、运输乃至消费者使用后的全产业链的每一个环节对环境产生的不利影响。在产品生产中，公司研发更加环保的技术与设计，竭力减少温室气体的排放。面对产品塑料包装难降解这一环保挑战，公司采取了一系列措施，有效减少了塑料使用量和相应的废气废物排放量：2010 年率先在中国推出了力士沐浴露的环保补充装；2011 年全面升级包装材料，弃用 PVC，使用可降解且对环境无毒的 PET。

2013 年，联合利华推出全新产品瓶装，降低塑料年使用量达 392 吨，不仅简化了生产与包装流程，同时减少了运输过程中对环境的不利影响。

3 联合利华的绿哈达行动

早在 2011 年，中华环境保护基金会发起的“藏北植草”环保项目中，力士作为联合利华最先进入中国的品牌，就积极加入其中，为西藏贡嘎县种植了 1 000 亩草场。2013 年，力士发起了“力士·绿哈达行动”，以人工种植草地的形式帮助青藏高原恢复沙化的草场，为保护高原生态贡献力量。

为了进一步扩大“力士·绿哈达行动”的影响力，引发更多人对青藏高原生态危机的关注，联合利华携手大润发、家乐福、乐购等 9 家知名零售企业，在遍及全国 20 多个省份，上千家商超门店开展“一人一元一平米，青藏万亩植绿计划”主题环保活动，与数千万消费者深入互动。消费者在活动期间通过零售渠道购买指定的沐浴产品，联合利华就和零售商共同捐一元钱，用于青藏地区的草皮捐种。

同时，为了让消费者真实感受到活动的价值，联合利华与零售商合作在超市摆放了 1 平方米的草皮和 1 平方米的沙子。此外，为了引发公众关注和参与这项活动的热情，联合利华还联合西藏地区最大的旅行社，在 2013 年 7 月至 12 月期间，向进藏的 30 万游客发放了“来吧，加入力士·绿哈达行动”的手册。

3.1 成效之一

以环境改善带动地区经济发展。人工草场不仅有效缓解了当地草场退化问题、提高土壤肥力，为草食家畜提供了优质牧草，提高了出栏率，促进当地畜牧业的发展；同时有机结合人工种植草地和农牧业，带动生态—农牧业系统耦合生产，促进当地及周边地域经济发展。以“力士·绿哈达行动”的首批捐赠地点西藏白朗村为例，一年半前种植的 1 600 亩草场，如今已经初具成效，使 877 位白朗村村民直接获利 7.8 万元，每年可为当地牧民创收 876 万元。

截至目前，“绿哈达行动”已为西藏累计捐种 4 100 亩人工草地，平均每年可吸收 17 958 吨温室效应气体。2015 年，在西藏完成草场种植 5 000 亩，每年可吸收温室效应气体 45 000 吨，同时草地的种植将显著降低水土流失的风险、减少损失，藏区生态恢复将又向前迈进一步。

3.2 成效之二

带动利益相关方共同参与。“力士·绿哈达行动”带动了联合利华的供应链上下游企业、消费者的共同参与，不仅扩大了环保和可持续发展理念的传播范围，更让联合利华的客户和消费者亲自参与环保活动，成为履责主体，提升了他们的环保参与热情。

消费者的选择、购买行为，无须任何进入和转化成本，就形成了公益、环保的行为。对于广大消费者而言，通过购买力士环保产品，就能够直接参与“力士·绿哈达行动”，在保护藏区生态环境的同时，提高环保意识，接受和传递低碳生活理念。消费者也从活动中受到鼓舞，愿意改变原有的消费习惯，购买更加环保的商品，自觉关注环保议题，从而衍生出更多有益于环境的行为。

零售商配合“力士·绿哈达行动”，在全国各地开展环保促销活动，为活动提供有利的商品摆位，在方便消费者选择环保产品的同时，也提升了自身的品牌形象。

消费者和零售商的共同参与，让“力士·绿哈达行动”这一“小行动”，产生人与环境共同可持续发展的“大不同”影响。据统计，以联合利华的重点客户大润发为例，2013年6—8月，活动借助大润发全国的渠道和系统，将保护西藏生态环境与环保低碳的生活理念传递给全国5个大区，20个省份，200多家门店，近千万名消费者。

3.3　成效之三

责任品牌提升竞争力。“力士·绿哈达行动”在帮助恢复高原生态的同时，有助于在广大消费者心中树立负责任的品牌形象，也在无形中影响着消费者的购买行为，从而提升品牌的商业价值。

活动在可持续发展理念的引导下，通过改变人们的消费行为间接带来市场供需的改变。消费者更加青睐环保型的产品，经销商也更愿意将环保型的产品摆放在货架的突出位置，这样一来，将直接影响生产企业的产品销量，从而对经济收益产生影响。据统计，在2013年“力士·绿哈达行动”举行期间，力士沐浴液的销售额实现了高于市场平均3倍增速的增长。

案例九 苏州富士胶片循环取货项目

苏州富士胶片映像机器有限公司是富士胶片（中国）投资有限公司的全资子公司，主要业务是为富士胶片全球各地提供包括影像、医疗在内的各类产品。作为江苏省认证的高新技术研发机构，公司积极从事研发工作，拥有多项自主研发的专利技术。

“Milk Run”项目指的是在每天固定的时间，货运车辆从配送中心出发，按照事先规划好的优化运输路线，依次到各个供应商处进行货品的收取，最终返回制造工厂。这种本身来源于牛奶公司在牧场循环收购牛奶的取货方式，一般应用于汽车制造企业，而在中国的电子器械制造行业，采纳这样运输方式的工厂并不多见。

相较过去各个供应商分别派物流公司送货至工厂的方式，苏州富士胶片映像机器有限公司做了详尽的前期调查，为“Milk Run”项目规划了最优化的取货路线，安排一辆货运车从配送中心出发，有序地驶往不同的供应商处取货，直到装上所有的货品后返回工厂。其通过有效的运输线路规划和物流体系设计，相当于把原来的供应商送货的推动方式转变为物流运输者取货的拉动方式，不仅减少了货运车的数量、不必要的空车返回，更节约了能源消耗、实现了运输过程中的温室效应气体减排，真正达到了降低能耗、低碳环保的目的。

具体负责“Milk Run”项目货品收取的是富士胶片集团旗下的物流公司，公司将各个供应商的生产计划与总装计划进行协调，并且在此基础上构建统一的运输体系，以防止在各个供应商取货的环节出现遗漏，或者在取货的时间、地点和数量上出现差错。

作为一个降低能耗的绿色项目，“Milk Run”项目不仅实现了货品运输效率化和按时货品供给，更在最大程度上减少了运输过程中的温室效应气体的排放量。参与首批“Milk Run”项目的供应厂商，在一年时间内缩短了约 4 万千米的运输距离，相当于减少温室效应气体排放 2 万吨。从具体数字上看，2013 年 4—12 月项目启动运作期间，与之前的供应商直送的运输方式相比，由于运输距离的缩短，温室效应气体的排放量总体减少了 15 565 吨，削减效果达到了 28%，而单月的温室效应气体的排放量最高减少了 4 239 吨，削减效果高达 41%，为全球气候变化做出了积极贡献。

案例十 上海通用汽车有限公司绿色供应链管理

上海通用汽车成立于1997年6月12日，由上海汽车集团股份有限公司、通用汽车公司共同出资组建而成。目前拥有浦东金桥、烟台东岳、沈阳北盛3大生产基地，共4个整车生产厂、2个动力总成厂，是中国汽车工业的重要领军企业之一。在绿色供应链的实施过程中，上海通用首先进行成本评估和财务分析（通常考虑回收周期在3～5年），同时结合企业绿色供应链要求实施的长远规划，按照必须（must）、应该（should）、内部改进三个阶段对供应商提出要求。根据国际形势的发展，逐步将绿色供应链的理念和相关要求推进到各级供应商。目前绿色供应链管理的实施已进行到原材料以及生产过程，计划下一步扩大至4S店，主要从灯光、空调、装潢、建筑、废弃物处理等方面入手。

1 上海通用汽车绿色供应链相关活动

上海通用汽车启动“绿动未来”绿色战略，通过该活动来推动对重要供应商的绿色供应链管理工作，并将该活动列为该公司“绿色体系”的核心内容之一。其绿色供应链管理的内容包括能耗、水耗、排废、温室气体排放和非温室气体污染5个方面。以“发展绿色产品、打造绿色体系、承担绿色责任”为核心，通过科技创新，不断为中国消费者带来“更好性能、更低能耗、更少排放”的绿色车型，并积极发挥业务链龙头作用，带动上下游共创绿色产业生态系统，以实现企业自身、企业与行业、企业与环境的和谐永续发展。

该项活动实施至今，已有150多家企业获得了上海通用汽车有限公司授予的“绿色供应商”称号；总计节约能源费用1.77亿元，节电103万千瓦时，节水162万多吨，节省天然气46万多立方米，节煤5 600多吨，节省柴油4 692吨，减少废水排放40多万吨，减少固体废弃物排放1.6万多吨，减少废气排放251吨，减少温室气体5.5万多吨。从而，实现了提升供应商竞争力和环保水平、提高能源和其他资源利用率、开展清洁生产、提高生产效率等目标。

2 上海通用汽车优秀绿色供应商——延锋伟业通金桥汽车饰件系统有限公司绿色行动与成果

上海通用启动“绿色未来”全方位绿色战略行动开始，延锋伟业通金桥汽车饰件系统有限公司（以下简称延锋伟业）从能源、环保、工艺改进等方面开展了一系列的绿色行动，取得了一定的成果，并被评为2008年SGM优秀绿色供应商。以下为延锋伟业实施绿色供应链以来取得的主要成果。

2.1 绿色照明

绿色战略行动实施以来，延锋伟业将之前的卤化灯全部更换成大功率节能灯，极大地降低了电力消耗，每年节约电量96万千瓦时，折合标准煤约390吨，其绿色照明项目获得了上海市节能奖励。

2.2 减少设备使用

目前，延锋伟业每台需要使用真空的设备都单独配备一台真空泵，每台机器使用时间很短，空转时间长，极大地浪费了电能。为降低能耗，公司计划建立集中真空系统，通过减少真空泵使用，不仅节约了电能、降低了企业运行费用，同时降低了备件费用和设备进口费。

2.3 系统节能改造

延锋伟业对注塑机油泵实施变频改造，从传统的比例阀节流调速方式变为电动机变频节能调速装置调速方式。该项目获得了上海市节能奖励。

2.4 绿色工艺

延锋伟业在产品研发过程中，积极研发轻量化工艺，如在注塑门板上使用聚丙烯发泡注塑技术，节约材料的同时，使重量减轻 25%，极大地降低了乘用车使用油耗。同时，公司积极采用环保原材料，如在产品上使用可自然降解的麻纤维基材，减少了石油用量；在真空工艺上，延锋伟业广泛使用热塑性聚烯烃表皮，避免了聚氯乙烯表皮在加热过程中挥发出的含氯毒性物质的情况。此外，该公司在二级供应商中积极推广绿色工艺，如在二级供应商中推广水性漆，避免使用溶剂型油漆，从而减少挥发性有机污染物的释放。

表 3 延锋伟业节能改造效益分析

绿色照明				
分类	功率 / 瓦	数量	总功率 / 千瓦	使用一年电费
金卤灯	400	108	264.95	12 月 ×26 天 ×18 小时 ×0.80×264.95=119 万元
	250	887		
节能灯	120	108	93.14	12 月 ×26 天 ×18 小时 ×0.80×93.14=42 万元
	105	887		
减少设备使用——集中真空泵系统				
节约电量			18 万千瓦时（合 72 吨标准煤）	
节约备件费用			28 万元 / 年	
总节省费用			46 万元 / 年	
总温室气体减排量			180 吨 / 年	
变频节能改造				
节约电量			10 万千瓦时（合 40 吨标准煤）	
温室气体减排量			100 吨 / 年	

案例十一　沃尔玛绿色供应链管理案例研究

1　沃尔玛可持续发展战略

作为全球第一大零售商，沃尔玛制定了三大远景目标：百分之百使用可再生能源；实现“零”浪费；销售有利于人类和环境可持续发展的产品。为了实现三大目标，沃尔玛设立了“可持续价值网络”（Sustainable Value Networks），内容涵盖各个环保领域（温室气体、可持续建筑、替代燃料、物流、废弃物、包装、木产品和纸品、农产品和海产品、纺织品、珠宝、电子产品、高含量化学品），并且与利益相关者共同探讨这些领域的机遇。

沃尔玛实施供应链改善措施伊始，对 10 万个供应商的可持续发展措施进行了调查。调查过程涉及 4 个方面共计 15 个问题，包括能源与气候、材料利用率、自然资源、居民和社区四方面。供应链可持续发展指标由三部分组成，前述调查是第一个组成部分；第二个组成部分是生命周期评估数据库，该数据库由合作的学术团体共同开发，涵盖资源使用和众多产品的影响信息；第三个组成部分是评估消费品生命周期影响的指标。

2010 年年初，沃尔玛公布了增加多项针对供应商评估的指标，其中包括包装废弃物减少、针对供应链开展的行动措施、供应链中具体的温室气体排放目标等，旨在到 2015 年实现供应链温室气体减排目标 2 000 万吨。为了实现这一目标，沃尔玛将重点放在高内涵碳排放产品上，如牛奶、面包、肉类、服装等。高内涵碳排放产品的定义标准是温室气体生命周期的排放乘以沃尔玛销售产品量。为实现这一目标而开展的系列活动将减少原材料采购、生产加工、运输、消费者使用或产品的最终处理等产品生命周期阶段的温室气体排放。此外，顾问专家团队还将开展质量保证调查，核查减排量。

2　沃尔玛的绿色供应链管理项目

沃尔玛全球采购中心负责从世界各地采购商品，供应全球各地的沃尔玛商店。目前，其采购网络遍布全球，包括中国的上海、福建等地区以及韩国、印度尼西亚、印度、迪拜、孟加拉国、巴基斯坦等，管理超过数千个供货商与工厂、采购超过数十万个不同类别的产品。沃尔玛公司非常重视企业社会责任，全球采购中心也为供货商工厂提供有关责任采购标准、可持续发展能力、能效提升等相关信息及培训。对于供应商的管理和评价，目前仍集中在环境合规性审核，内容主要包括废弃物管理、废水污水管理、气体排放管理、用水管理、用能及温室气体管理、土地使用及生物多样性、环境管理体系、噪声管理、危险品管理 / 土壤及地下水污染防治 9 个方面。

沃尔玛全球采购中心实施绿色供应链管理的初衷也是出于对相关法律法规要求以及沃尔玛总公司实施节能减排全球战略目标的相关要求。对于供应商的考核采用以产量或单位产值为考核标准的形式，以尽量实现可监测、可报告、可核查。同时，为了鼓励供应商积极参与绿色供应链管理，沃尔玛会在采购过程中采取适当倾斜采购比例的方式予以激励。

为了提升其在中国市场的竞争力，沃尔玛公司于 2010 年开始实施绿色供应链管理（GSCM）活动。沃尔玛采取供应商自愿参与的方式，与来自纺织、塑料、玻璃及其制品、涂料和木制品五大类的供应商一起开展 GSCM 活动。沃尔玛的目标是，2011 年完成对所有供应商的法规性认证，

2012年实现200个供应商工厂能效提高20%目标。同时，沃尔玛预测，若其90%的直接供应商和30%的间接供应商都按照绿色供应链要求进行改进，则每年可减少1 000万吨温室效应气体当量，节电约120亿千瓦时、4.5亿吨水、300万吨废物，节约制造成本20亿美元。

3 沃尔玛优秀绿色供应商——比美高精密模具（东莞）有限公司绿色行动与成果

比美高精密模具（东莞）有限公司（以下简称比美高）属于香港美高集团，成立于1967年，主要产品为汽车模型，产品制造均按国际玩具协会ICPC等相关国际标准，98%的产品用于出口。国内销售的产品大约10%出售至沃尔玛。自2009年，参加沃尔玛绿色供应链活动以来，主要采取了以下几项措施，降低产量能耗：

- 企业于2000年即建立污水处理厂，对生产过程中的污水进行处理；
- 通过在厂房及办公楼顶层种植草坪降低室内温度，间接实现节能减排；
- 通过将燃油热水器更换为太阳能热水器，投入200万元人民币，并在1年半的时间里收回成本；
- 企业于2011年与第三方机构开展合作，进行针对企业的ISO 14064碳盘查工作；
- 企业在生产及管理过程中严格执行国际标准或地方标准中的环保要求，其采取的主要改造方案见表4。

表 4 沃尔玛优秀绿色供应商改造方案

照明改造计划			
种类	LED/5 瓦		T5/ 瓦
数量	1 200		1 200
年运行时间	3 070		3 070
年度消耗	18 420		55 260
空调制冷剂种类变更			
测试项目	R22 参数	HCR22 参数	节省比例
功率	36.99 千瓦	30.66 千瓦	17%
电度数	18.263 千瓦时	15.333 千瓦时	17%
出风温度	19.5℃	19.4℃	温差提高 1℃
回风温度	24.9℃	26.3℃	
低压压力	0.45 兆帕	0.4 兆帕	
冷却水（进 / 出水）温度	27/29℃	26/28℃	
食堂燃料替代			
能源类型	月用量		月成本消耗
柴油	10 500 升		57 540 元人民币
天然气	10 500 升		42 944.5 元人民币

照明改造指企业照明灯具由 T5 改为 LED 灯；空调制冷剂变更制冷剂由二氟一氯甲烷（R22）改为碳氢制冷剂（HCR）。

案例十二 渤海钢铁集团绿色供应链管理

渤海钢铁集团是由天津钢管集团、天津钢铁集团、天津天铁冶金集团和天津冶金集团四家国有钢铁企业联合组建的国有独资公司，注册资本170亿元，是集烧结、炼铁、炼钢、连铸、轧钢、金属制品生产为一体的综合性特大型企业集团，具有年产2 600万吨铁、3 100万吨钢、3 100万吨钢材、300万吨金属制品的生产能力。2013年完成工业总产值2 137.28亿元，完成产量：生铁1 892.67万吨、粗钢1 932.64万吨、钢材2 093.08万吨、金属制品90.36万吨。

1 绿色采购方案

1.1 成立集团采购中心，实现规模化采购

进行统一采购，可大大提升话语权、议价权、选择权等采购优势。河北钢铁集团、山东钢铁集团实质整合后，实现规模采购，可降低采购成本1%～3%，效益可观。

在采购过程中遵循无毒、低碳、短距离运输的原则，一方面，优先选择具有绿色环保资质和对环境友好的供应商作为采购对象；另一方面，在采购行为中充分考虑环境因素，实现资源循环利用，尽量提高原材料的使

用率和减少废弃物的产生，实现采购过程绿色化。基本标准如下：

- 铁矿石：铁精粉含铁品位不低于 65.0%；赤铁矿和褐铁矿粉含铁品位不低于 55.0%；直接入炉的块矿含铁品位不低于 54.0%；球团矿含铁品位不低于 62.0%；烧结矿品位不低于 54.0%；铁矿含硫不大于 1.0%；含铅、砷、汞、镍、镉等分别不大于 0.01%。含硫高的铁矿须经过烧结工序后将含硫量减低到规定值方可进入高炉工序。
- 焦炭：含硫不大于 0.9%；直供焦炭的生产厂须符合国家环保部门的达标验收标准，选择拥有 ISO 14000 认证的供应商。
- 喷吹煤：含硫不大于 1.0%。
- 废钢：无夹杂废塑料。

1.2　建立集团仓储、加工配送中心，实现资源优化配置

将集团所属企业普适原燃料统一贮存、集中调配，可降低库存 50% 以上，节省成本。运用区位优化布局方法选择仓储、加工配送中心所在地，实现到各生产区、港口、城市物流中心综合运距最优化，从而缩短总体运距，减少因运输带来的污染，降本增效。

原燃料储存地的建设严格按照环保要求，针对储存原燃料和其他辅料的料场、仓库等制定有效的保护环境的管理和考核措施。例如，对铁矿石、焦炭、喷吹煤等露天堆放的粉状物料，堆存料场需有防风网，高度大于料堆最大高度 3 米以上；配置对料堆有效抑尘的洒水装置，料场周围需有排水沟将雨水汇集到集中沉淀池内，不许直接排入市政排洪沟或江河湖海；各装卸料点配置除尘装置，回收的粉尘实现循环利用。

1.3　建设专用铁路运输线，优化运输模式

建设天津港至东丽核心生产区的专用铁路运输线，到港原燃料、入港

出口产品、疏港物资全部由铁路运输，可极大提高运输量，同时减少污染，降低运输费用。方案实施后，可降低汽车运输量 70% 以上。

2 绿色产品设计方案

整合集团现有三个国家级企业技术中心，即钢管公司国家级技术中心、天钢公司国家级技术中心、天铁公司国家级技术中心，成立集团钢铁研究院。加大绿色环保方面的研发力度，打造技术研发创新体系，在主导产品、关键生产工艺技术、资源综合利用和环境保护技术等方面，形成集团专有技术和自主知识产权。按照绿色产品设计标准要求，加大科研投入，注重绿色产品开发，提高高端产品比例。在产品设计方面充分考虑产品整个生命周期的绿色性问题，实现产品设计的绿色化。

2.1 绿色产品开发

- 无丝扣油特殊扣产品

无丝扣油特殊扣产品是集团着眼开发的重点产品之一，由于现场没有丝扣油的使用，使现场上扣时间缩短 25% 左右，海上开采的费用可降低 10% 以上，同时由于没有使用丝扣油，对海洋、土壤、地下水没有直接污染，具有保护环境的功能。

- 460 兆帕高强钢筋产品

高强钢筋是指抗拉屈服强度达到 400 兆帕级及以上的螺纹钢筋，具有强度高、综合性能优的特点，用高强钢筋替代目前大量使用的 335 兆帕螺纹钢筋，平均可节约钢材 12% 以上，同时提高建筑本身的安全系数，延长房屋、桥梁的使用寿命。集团开发生产强度级别高于 460 兆帕的钢筋产品，围绕高强钢筋品种开发及生产实施技术改造，提高产品质量，保障供应能力，完善高强钢筋生产及市场配送体系。

2.2 产品设计标准方案和规划

- 工艺流程绿色化标准

从工艺流程与工程研发入手，发展洁净钢生产技术、新一代控轧控冷等工艺技术改造和工艺流程优化，同时进一步缩短现有工艺流程，实现物质获得更大、能源效率更佳、制造过程时间更短，同时起到清洁生产、降低环境负荷的作用。

- 产品质量绿色化标准

重点开发满足下游行业和战略性新兴产业发展需要的关键钢材品种，提高产品质量、档次和稳定性。发展高速铁路用钢、高强汽车用钢、高强钢筋用钢、高强家电用钢、低温压力容器用钢、船舶行业用钢等高精尖产品，全面提高钢材产品性能和实物质量，提高产品附加值。

- 产品应用绿色化标准

新产品的设计开发，注重实现其在应用中更加洁净，减少对周围环境的污染，产品性能指标更优，使用寿命更长，达到减量化使用的目的，同时注重技术成果转化和推广，避免技术成果利用率低，浪费科技资源。

3 绿色产品制造方案

采用更加节能环保的新技术、新工艺。计划用 5 ～ 10 年的时间，在南港工业园区规划一座占地面积约 19 平方千米、生产规模 1 000 万吨的现代冶金工业园。采用与传统冶炼工艺完全不同的 FINEX 技术 [1]，打造世界领先的循环经济示范区。该工艺原料适应能力强，可 100% 地使用非焦煤，对铁矿石品种无严格的限制，有利于资源综合利用。因不需要炼焦、烧结、球团等污染严重的工艺，可明显减少对大气和水域的污染，比高炉工艺污

1 FINEX 技术是一种直接用粉矿和非炼焦煤料冶炼铁水的新工艺。

染程度减少 90% 以上，能耗节约 7%。

打造高端产品，提升节能环保水平。致力于打造高端产品，提高产品附加值，认真执行国家标准、严格制定优于国标的内控标准、采用先进的国际标准，实现废气排放达标率 100%，废水零排放，各项环保指标达到清洁生产一级标准。

针对烧结烟气脱硫进行区域集中治理，体现规模治理优势，采用先进脱硫方法，实现二氧化硫排放量降低 90% 以上。同时进一步优化原料配比，增加球团矿的使用，进一步节能减排，减少环境污染。

严格按照《钢铁行业规范条件（2012 年修订）》的要求，加大力度淘汰落后产能，保证集团生产装备达到：高炉有效容积 400 立方米以上，转炉公称容量 30 吨以上，电炉公称容量 30 吨以上（变压器容量 15 000 千伏安以上），高合金钢电炉公称容量 10 吨以上（变压器容量 5 000 千伏安以上），球团竖炉 8 平方米及以上，烧结机有效烧结面积 90 平方米及以上，常规机焦炉炭化室高度 4.3 米（捣固焦炉 3.8 米）及以上，以及不属于《部分工业行业淘汰落后生产工艺装备和产品指导目录（2010 年本）》中需淘汰的落后工艺装备。

充分发挥现代化装备的优势，加强设备管理，降低设备故障率，使设备完好率达到 99%。各种除尘、污水处理等环保设备开机率 100%，环保设备性能指标达标率 100%。

深入领会绿色制造理念，着重考虑钢铁企业的总图运输、建筑物布局的环境属性，以及在生产过程中最大限度地避免或减少辐射、噪声、有害气体等对人体的伤害和对环境的污染。在企业的全部生命周期内实现：

◇ 生产主体设备的大修周期 10 年以上，高炉一代炉役 15 年以上，主体建筑物寿命 30 年以上；

◇ 钢铁生产能耗指标达到国家要求。能源介质（风、水、电、气、汽）

泄漏率小于 0.1%，高炉、转炉煤气放散率小于 1%；

◇ 各项环保指标达到国家要求。

4 绿色销售方案

通过与天津重大工业项目对接、与战略性新兴产业对接、与资源类行业对接、与市场竞争力强的企业对接，使现有产品向高端市场延伸；通过提供优质服务，占领天津滨海新区这个数量大、档次高、品种多的钢材消费大市场，实现由“生产商”向“服务商”的转变。

在销售过程中要充分满足消费需求，在保证适度利润和发展水平的同时，能够确保消费者的安全和健康，遵循在商品的售前、售中、售后服务过程中注重环境保护的资源节约的原则。

建议市政府在政策、经济等方面给予更多的支持，对用于发展建设天津市绿色环保事业的用户，给予更多的销售优惠政策。

5 资源回收利用

按照天津市及河北省《大气污染防治实施方案》的要求，集团对各种煤气、工业用水、固体废弃物和余热余能实行综合利用，最大限度地降低能源和实物消耗成本。

5.1 煤气综合利用

集团在生产过程中产生的煤气主要包括高炉煤气、转炉煤气和焦炉煤气。集团实施煤气综合利用技术改造项目，炼铁系统采用高炉煤气净化和利用工艺，净化后的高炉煤气送高炉热风炉、轧钢和燃气锅炉，作为新能源燃烧；炼钢系统转炉煤气净化回收系统及汽化冷却蒸汽回收系统，实现了能源的集中回收。同时，集团所属东丽主生产区企业实施煤气置换项目，置换前高炉煤气放散量在70 000～80 000立方米/小时，焦炉煤气放散量在7 000～8 000立方米/小时，置换后煤气全部实现回收利用，同时实现经济效益7 800万元/年。通过一系列技改措施的实施，提高了煤气循环利用水平，实现煤气回收利用率100%。

5.2 工业用水综合利用

集团按照生产用水“清浊分流、就地处理、分级使用、闭路循环”的原则，先后投资建设生化水处理站、再利用水站及废水深度处理站等废水处理系统，废水处理后回用，年节约自来水1 500多万吨，实现生产用自来水“零取用”。

5.3 固体废弃物综合利用

集团生产过程中产生的固体废弃物主要有三类：一是除尘净化环保设备产生的除尘灰、污泥；二是炼铁、炼钢工艺产生的冶金废渣；三是轧钢产生的氧化铁渣等。集团通过建设转炉钢渣粒化处理生产线等一系列固废再生项目，使其变废为宝，作为建材、水泥等行业的优质原料使用，集团每年固体废弃物产生量约1 100万吨，全部实现回收利用，综合利用率达到100%。

5.4 余热余能综合利用

集团注重余热余能的回收利用，余热余能回收用于发电、采暖等，大大降低能源的消耗和污染物的排放。集团实施多项余热余能综合利用项目，高炉煤气余压发电（简称TRT）、高炉富余煤气发电、转炉低温低压蒸汽发电等重点项目，每年可实现发电量约15亿千瓦时；高炉冲水渣余热、焦炉煤气循环氨水余热等的综合利用，完全满足了厂区冬季采暖需求。通过实施一系列余热余能综合利用措施，最大限度地实现了能源、资源的综合利用。

参考文献

[1] 沃尔玛可持续发展指标 . http://walmartstores.com/sustainability/9292.aspx.

[2] 沃尔玛社会责任报告，http://corporate.walmart.com/global-responsibility.

[3] 英特飞官方网站，http://www.interfaceglobal.com/Sustainability/Our-Progress/Waste.aspx.

[4] 戴尔 . 绿色产品和包装 . http://content.dell.com/us/en/corp/d/corp-comm/earth-products-packaging.aspx.

[5] 福特新闻发布稿 . 福特力行减少碳足迹 . 2010.5http://media.ford.com/article_display.cfm?article_id=32687.

[6] 可口可乐公司，大自然保护协会 . 产品水足迹评估：公司水管理实务 . 2010,http://www. thecoca-colacompany.com/presscenter/TCCC_TNC_WaterFootprintAssessments.pdf.

[7] 可持续供应链：力求持续提升的实用指南 . 联合国全球契约研究报告 . http://www.unglobalcompact.org/docs/issues_doc/supply_chain/SupplyChainRep_ZH.pdf.

[8] 美国国家环境保护局 . SmartWay 基本信息 . http://www.epa.gov/smartwaylogistics/basic-information/index.htm.

[9] 美国证券交易委员会气候变化信息披露指导委员会 .1 http://www.sec.gov/rules/interp/2010/33-9106.pdf.

[10] 全球报告倡议组织 . http://www.globalreporting.org/Home.

[11] 黄振豊，黄筱佩 . 企业绿色价值链管理与环境绩效关联性之研究 . 2006 年第 10 届科技整合管理研讨会：303-319.

[12] 单忠东 . 中国企业社会责任调查报告 2006. 北京：经济科学出版社，2007：85.

[13] 胡刚 . 论企业社会责任经营战略 . 中国经济问题，2007，3：49-54.

[14] 刘藏岩 . 民营企业社会责任推进机制研究 . 经济经纬，2008，5：111-113.

[15] 潘岳 . 以环境友好促进社会和谐 . 求是，2006，15：16-18.

[16] 乔治 • 斯蒂纳 . 企业、政府与社会 . 北京：华夏出版社，2002.

[17] 张漫 . 环境规制约束下的企业环境行为 . 北京：经济科学出版社：58-63.

[18] 于启武 . 环境管理标准化理论与方法 . 北京：首都经济贸易大学出版社，2000.

[19] 于永达，郭沛源 . 金融业促进可持续发展的研究与实践 . 环境保护，2003，12：50-53.

[20] 李静江 . 企业环境会计和环境报告书 . 北京：清华大学出版社，2003.

[21] 胡篙 . 环境绩效评估概述及探讨 . 北方经贸，2006，1：45-48.

[22] 杨涛 . 全面创新循环经济的金融支持体系 . 中国经济时报，2006-10-13.

[23] 马中 . 资源与环境经济学概论 . 北京：高等教育出版社，2002.

[24] 邹骥 . 环境经济一体化政策研究 . 北京：北京出版社，2000.

[25] 邵毅平，等 . 关于我国企业环境绩效信息披露问题的研究 . 财经论丛，2004，2.

[26] 李正 . 企业社会责任信息披露研究 . 厦门大学，2007.

[27] 黄培清，张存禄，揭晖 . 基于 SCOR 模型的供应链再造 . 工程与管理，2004(1)：60-62.

[28] 鲍盛祥，张琦 . 基于 SCOR 模型对绿色采购管理研究 . 交通企业管理，

2009(9)：46-47.

[29] 刘焰，刘华楠，张大勇 . 基于生产链的企业环境绩效测度模型 . 华中科技大学学报，2003(9):25-27.

[30] 郑季良 . 对企业环境绩效的思考 . 生态经济 . 2005，10：109-112.

[31] 盛振江 . 企业绿色价值链管理体系构建 . 经营战略，2008(9)：61-62.

[32] 张祯，张宏武 . 美国环境产业相关政策及启示 . 中国环保产业，2006，11：41-44.

[33] 余德辉，刘昕 . 加拿大的环境产业 . 中国环保产业，2000，10：32-34.

[34] 马丽娟 . 环境责任保险制度研究 . 清华大学，2004：46-50.

[35] 王海燕，曹伟 . 清洁发展机制与中俄油气公司的减排合作 . 国际石油经济，2008，10：51-54.

[36] 郑亚南 . 自愿环境管理——经济与环境协调发展的创新 . 环境经济，2004(5)：29-33.

[37] 郑亚南 . 自愿环境管理理论与实践研究 [D]. 武汉理工大学，2004.

[38] 许凌霄 . 我国发展自愿环境管理的研究 . 管理观察，2010(31)：25-26.

[39] 王干 . 论我国生产者责任延伸制度的完善 . 现代法学，2006(4).

[40] 牛睿 . 生产者责任延伸制度的不足与完善 . 人民论坛，2012(6)：54-55.

[41] 王光玲，张玉霞 . 对我国环境管制政策的反思与建议 . 2008(4)：57-58.

[42] 唐绍均 . 论生产者责任延伸制度概念的淆乱与矫正 . 重庆大学学报：社会科学版，2009, 1514：115-119.

[43] 龙凤，葛察忠，高树婷，等 . 中国环境管理引进自愿手段的法律基础分析 . 环境科学与管理，2007，32(1):25-29.

[44] 曾思育 . 环境管理与环境社会科学研究方法 . 北京：清华大学出版社，2004.

[45] 杨正沛，李林 . 关于自愿性环境政策在我国兴起的几点思考 . 中国科教创新导刊，2008，30：6-7.

[46] OECD. 环境绩效评估：中国 . 北京：中国环境科学出版社，2007.
[47] 张晓华，刘滨．扩大生产者责任原则及其在循环经济发展中的作用．中国人口 . 资源与环境，2005(2).
[48] 任文举，李忠．生产者责任延伸制度理论及实践．经济师，2006(4)：30.
[49] 王干．论中国生产者责任延伸制度的完善．现代法学，2006 (4)：171.
[50] 马小明，赵月炜．环境管制政策的局限性与变革——自愿性环境政策的兴起．中国人口 • 资源与环境，2006，15(6)：19-23.
[51] 中国城市低碳经济网．《绿色印刷手册》之中国环境标志计划及认证程序．http://www. cusdn.org.cn/news_detail.php?id=230947#.
[52] 中环联合（北京）认证中心有限公司．中国环境标志培训教程．北京：中国环境科学出版社，2009.
[53] GB/T 24040—2008 环境管理生命周期评价原则与框架 .
[54] 郭伟祥．生命周期评价（LCA）方法概述．通信技术与标准 .
[55] 刘扬．环境标志发展及保障体系和 ISO14001 体系整合的探讨．上海环境科学，2003(s2)：8-12.
[56] 打造绿色供应链 实现企业环境与利润“双赢”．http://www.cioage.com/art/200706/46279.htm.
[57] Huang Song．绿色供应链管理与集约型物流．
[58] 张华伦，冯田军，董红果．绿色供应链管理绩效评价体系构建．商业时代，2006（9）.
[59] 天津市采购中心网．http://www.tjgpc.gov.cn/About.aspx.
[60] 企业环境报告书编制导则．HJ 617—2011.
[61] 朱金凤，杨秀强. 我国企业社会责任报告解读与评析. 财会月刊（理论），2008(5)：69- 70.
[62]《企业环境报告书编制导则》编制组．企业环境报告书编制导则编制说明 .

[63] 夏申，俞海．自愿环境管理手段的研究进展综述．环境与可持续发展，2010，35(6)：53-56.

[64] 张仁志，孙蕾，陈恺立．在我国实施自愿协议式工业环境管理的可行性探讨．中国环境管理干部学院学报，2008，18(4)：40-47.

[65] 唐丁丁．以绿色供应链发展带动我国产业升级．经济，2012，3.

[66] 周军，李霞，寸志清，等．我国环境保护信息公开及公众参与综述和分析．环境与可持续发展，2010，6：42-45.

[67] Axelrod Robert,*et al.*The Evolution of Cooperation. Science1981,211:1390-1396.

[68] Jeans-Jacques Rousseau(1968).The social contract,tran,by Maurice Cranston.New York:Penguin Books.

[69] M.E.Porter. American's green strategy. Scientific American,1991,April.

[70] M.E.Porter. Green and competitiveness: ending the stalemate. Harvard Business Review,1995,73(5):120-134.

[71] Davies,T.,J.Mazurek.Industry Incentives for Environmental Improvement: Evaluation of US FederalInitiatives. Global Environmental Management Initiative,1996.

[72] Darnall,N.,J.Carmin.Greener and cleaner? The signal ingaccuracy of US voluntary environmental programs.Policy Sciences, 2005, 38(2):71-90.

[73] Darnall,N.,J.A.Carmin,N.Kreiser,*et al.*The design and rigor of US voluntary environmental programs:Results from the VE Psurvey[R].Department of Political Science & Public Administration, North Carolina State University and Department of Urban Studies and Planning, Massachusetts Institute of Technology, 2007.

[74] Blackman, A., E. Uribe, B.van Hoof,*et al.*Voluntary environmental agreementsin developing countries[J]. Resources for the Future, 2009:72-83.

[75] Sarkis,J.The adoption of environmental and risk management practices: Relationships to environmental performance[J].Annals of Operations Research, 2006, 145(1):367-381.

[76] Zhu,Q.,J.Sarkis. Relation ships between operational practices and performance among early adopters of green supply chain management practices in Chinese manufacturing enterprises[J].Journal of Operations Management, 2004, 22(3):265-289.

[77] Walley,N.,B.Whitehead. It's not easy being green[J].The Earth scanreader inbusiness and the environment,1994:36-44.

[78] Hussey, D.M., P.D.Eagan. Using structura lequation modeling to test environmental performance in small and medium-sized manufacturers:can SEM help SMEs?[J].Journal of Cleaner Production, 2007, 15(4):303-312.

[79] Brouhle, K., C.Griffiths, A.Wolverton. The use of voluntary approaches for environmental policymaking in the US, The Handbook of Environmental Voluntary Agreements. Springer, 2005:107-134.

[80] Mazurek,J.Government-sponsored voluntary programs for firms-Aninitialsurvey[J].New Tools for Environmental Protection: Education, Information, and Voluntary Measures, The National Acad emiesPress, National Academy of Sciences, 2002:219-234.

[81] Harford, JonD. Firmownership patterns and motives for voluntary pollution control[J].Managerial and Decision Economics,1997,18:421-432.

[82] Ottman,Jacquelyn. Green marketing:challenges and opportunities for the new marketingage[M].Chicago, Ill:NTC Business Books.1993.

[83] Makower,Joel. The E-factor:the bottom-line approach to environmental lyresponsible business[M].New York: Penguin Books,1994.

[84] Jensen, Michael C., William H.Meckling.The ory of the firm:managerial behavior, agency costsand ownership structure[J]. Journal of Financial Economics,1976.

[85] Organization for Economic Co-operation and Development.Environmen talindicators: apreliminaryset.Paris.OECD.1991.

[86] Walley N.， White head B.It's not easy being green[J].Harvard Business-Review， 1994,72(3):171-180.

[87] Shrivastava P. The Role of corporation sinachieving ecological sustain ability[J]. Academy of Management Review,1995,20(4):936-960.

[88] Reinhardt F.L. Environmental product differentiation: implications for corporatestrategy[J]. California Management Review,1998,40(4):43-73.

[89] Klassen R.D.， Mclaughlin C.P. The impact of environment almanage-ment on firm performance[J].Management Science,1996,42:1199-1214.

[90] Poter M.E.,Vander Linde C. Green and competitive: ending the stalemate[J].Harvard Business Review,1995,73(5):120-134.

[91] Roberts Lin，Gehrke Tina. Linkages between best Practicein business andgood environmental Performance by companies[J].Journal of Cleaner Production,1996, 4(3):189-202.

[92] Stanwick P.A,Stanwick S.D. The Relationship between corporate social performance and organizational size,financial performance,and environmental performance: anempirical examination[J].Journal of Business Ethics,1998,17(2):195-204.

[93] Christmann P.Effects of "Best Practices" of environmental management on cost advantage: the role of complementary Assets[J].Academy of Management Jounral，2000,43(4):663-680.

[94] Stefan Schaltegger, Terje Synnestvedt. The link between “green” and economic success: environment management as the crucial trigger between environmental and economic Performance[J]. Journal of Environmental Management,2002,65:339-346.

[95] Daniel Tyteca.On the measurement of the environmental performance of firms: aliterature review and aproduct ive efficiency perspective[J]. Journal of Environmental Management,1996,46:281-308.

[96] AnneYHinitch, NaomiS. Soderstrom,TomE.Thomas.Measuring corporate environmental Performance[J].Journal of Accounting and Public Policy,1998,17:383-408.

[97] Bvon. Bhar, O. J. Hanssen, M. Vold, *et al*. Experiences of environmental performanc evaluation in the cement industry. Dataquality of environmental Performance indicators as alimiting factor for Benchmarkingand Rating[J]. Journal of Cleaner Production,2003,11:713-725.

[98] Charnes J.Corbett,Jeh-Nan Pan. Evaluating environmental performance using statistical Processcontrol techniques[J]. European Journal of operational Research, 2002, 139:68-83.

[99] Wood D. Corporatesocial performance revisited[J]. Academy of Management Review,1991,16(4):691-718.

[100] Lober D. Evaluating the environmental performance of corporations[J].The Journal of Manange riallssues,1996,8(2):184-205.

[101] Metcalf K.R., Williams.P.L.Minter.J.R., *et al.* Anassessment of corporate environmental Programs and their Performance measurement system[J]. Journal of Environmental Health,1995,67(2):9-17.

[102] Epstein M. Measuring corporate environmental performance[M].Irwin,

Chiegao, 1996.

[103] ISO14031.Environ. mangaement-environ performance evaluation-guidelines [R].1998.

[104] MarkusLehni.Eco-efficiency creating more value with lessimpact[R]. WBCSD,2000.

[105] United Nations conference on trade and development. Integrating environmental and financial performance attheenterprise level-ame thodology for standardizing Eco-efficiency indicators[R].2000.

[106] Dyckhoff H, Allen K. Measuring ecological efficiency with dataenvelopment analysis[J]. European Journal of Operational Research, 2001, 13:312-325.

[107] Sarlas J, Dijkshoom J. Eco-efficiency of solid wast emanagement in WelshSMEs[J]. J. Environmentally Conscious Manufacturing, 2005, 3:59-97.

[108] Suhejla Hoti, Michael McAleer, Laurent L. Pauwels. Measuring risk in environmental finance[J].Journal of Economic Surveys.2007.Vol.21, No.5:970-998.

[109] World Business Council for Sustainable Development & United Nations Environment Program.Eco-Efficiency and Cleaner Production:Charting the course to Sustainability.WBCSD,1998:1-18.

[110] Stefan Schaltegger,Terje Synnestvedt. The link between "green" and economic success: environmental management as the crucial trigger between environmental and economic performance[J]. Journal of Environmental Management, 2002, 65:339-346.

[111] Freeman R.E. Strategic Management: A Stakeholder Approach[M].New

York, Pitman, 1984.

[112] Donaldson T., Dunfee T. W. Integrative social contracts theory: acommunitari an conception of economic[M].1995.

[113] Ayres R.U., U. E. Simonis. Industrialmet abolism: restructuring for sustainable development Tokyo/New York/Paris: United Nations University Press,1994.

[114] Contlon, J.E., H.E. Koenig. Sustainable ecological economics[J]. Ecological Economics, 1999, 31:107-121.

[115] Schoer, K. Material flow analysis in the framework of environmental economic accounting in Germany. Eurostat Working paper[R].European Commisssin,2000.

[116] WBCSD. Measuring eco-efficiency: aguidet oreporting company performance[R]. Geneva, World Business Council for Sustainable Development, 2000.

[117] OECD. Eco-efficiency[R]. Paris, Organisation for Economic Cooperation and Development,1998.

[118] United Nations Conferenceon Trade and Development.Inte-gratingen vironmental and financial performance attheenter prise level:amethodology for standar dizingeco-efficiency indicators[R]. United Nations Publication,2003:29-30.

[119] Bowen H.R. Social responsibilities of the businessman[M].New York: Harper & Row.1953.

[120] Davis K.Canbusiness afford to ignoresocial responsibilities?[J]. California Management Review, 1960, 2:70-76.

[121] Frederick W.C. The growing concern over business responsibility[J].

California Management Review,1960,2:54-61.

[122] Johnson H.L. Business in contemporary society: Frame work and issues[M]. Belmont, CA: Wadsworth, 1971.

[123] Eilbert H., Parket I.R. The currentstatus of corporate social responsibility[J]. Business Horizons, 1973, 8(16):5-14.

[124] Backman J. Social responsibility and accountability[M]. New York: New York University Press,1975.

[125] Carroll A.B. Corporate social responsibility: will industry respond to cut backs in social program funding?[J]. Vital Speeches of the Day, 1983, 6(49):604-608.

[126] Archie B.C arroll. Corporate social responsibility: evolution of adefinitional construct[J]. Business & Society, Vol.38, No.3, September, 1999:268-295.

[127] Wood D. Corporate social performan cerevisited[J]. Academy of Management Review, 1991, 16:691-718.

[128] Georges Enderle, Lee A. Tavis. Abalanced concept of the firmand the measuremen to fits long-term planning and performance. Journa l of Business Ethics, 1998, 17(11) :1129-1144.

[129] Steger, U. The greening of the boardroom: howgerman companiesare dealing with environmental issues[M].In: Fiseher Kurt, Sehot Johaneds. Environmental Strategies for Industry, Washington, DC.: Island Press, 1993.

[130] Winn S.F., RoomeN. JR & D Management Response to the Environment Current Theory and implicationsto practice and Research[J].R&D Management Review, 1993, 23(2):147-160.

[131] Wu Haw-Jan Dunn Steven C. Environmental lyresponsible logisties system[J]. International Joumal of Physical Distribution and Logistics Management, 1997, 25(2):20-38.

[132] Kstad E, Hanssen O.J. Environmental performance indicators in industry[R]. Confederation of Norwegian Businessand Industry, Oslo, Norway, 1997.

[133] Global Reporting Initiative, Guidelines for corporate sustainability reporting. CERES, Boston, 1999.

[134] Viswanadaham. The past, pressent, and future of suply-chainautomation[J]. IEEE Robotics & Automation Magazine, 2002.

[135] Hiroyuki Sato. Linking green supply chain and green procurement in Japan, GPN, http://www. apo-tokyo.org/gp/manila_conf02/resource_papers/narrative/sato_hiroyuki.pdf.

[136] Christina Bosch, Stephanie Cutts-Cheney, Arthur Peterson, *et al.*Green supply chain practices, policies, and impacts: extrapolating to chinese supply chains, the special policy study on green supply chain being prepared by Environmental Defense Fund(EDF) and the China Council for International Cooperationon Environment and Development(CCICED).

[137] Alan McClay. Best practices in sustainable supply chains: replicability, sustainability and scalability in the global social compliance programme environmental module, CCICED Special Policy Study on Green Supply Chain.

[138] Green public procurement: Building as olid foundation to accommodate many stakeholders, The Special Policy Study on Green Supply Chain, PWC briefpaper.

后 记

在环境保护部政策法规司、国际合作司的指导与支持下，自2011年起，中国-东盟环境保护合作中心开展了绿色供应链管理实践与创新项目，推动绿色供应链管理政策、标准研究制定以及试点的开展。在国内层面，上海、天津、深圳和东莞等城市开展绿色供应链管理试点示范工作，共同探索符合各地实际情况的推进模式。各个行业中优秀和负责任的大企业也纷纷实施绿色发展战略，开展绿色供应链管理，通过评估筛选供应商、实行绿色采购等措施促进上游供应链的绿色化改造。在国际层面，亚太经合组织（APEC）绿色供应链合作网络的建立和运行，在亚太地区各个经济体间以绿色供应链为主题搭建了一条合作的桥梁。由东盟中心倡议建立的“一带一路”绿色供应链合作平台既把绿色供应链的中国实践推向国际舞台，也将有力促进绿色供应链的国际合作。

过去几年间，在我们推动绿色供应链政策研究和示范试点过程中，上海市环保局、东莞市环保局、环境保护部环境发展中心、环境与经济政策研究中心、美国环保协会、广东绿色供应链协会、亚太经合组织绿色供应链合作网络天津示范中心、中环联合认证中心、公众与环境研究中心等合作单位对我们的工作给予了最有力支持和协助，在这里我们表示由衷的敬意和诚挚的感谢。

在本书的编纂过程中，上海市环境保护局、东莞市环境保护局、美国环保协会以及多家机构和企业提供了大量有价值的资料，我们也借此机会深表谢意。

本书集成了过去几年绿色供应链管理工作的成果。在此，特别对为本书编写工作做出贡献的领导及相关工作人员表示感谢。本书编写过程中，由张洁清全程指导，石峰负责协调部署及内容的整体把控，范纹嘉编写基本概念篇及纺织、电商行业绿色供应链案例等，袁钰编写电子、家具、制鞋、化工等行业绿色供应链管理案例，曹子靖编写政策解读篇及房地产行业绿色供应链案例。

由于时间和水平有限，本书中难免存在片面和纰漏的地方，不足之处欢迎各位读者批评指正，我们也希望能与感兴趣的朋友做进一步的交流。